En la casa de mi Padre

Nuestra relación con Dios como Padre

MARY A. KASSIAN

Nashville, Tennessee

© Copyright 2000 • LifeWay Press
Reservados todos los derechos
Está prohibida la reproducción total o parcial de este libro

ISBN 0633035459

Clasificación decimal Dewey: 231.1
Tema: Dios/Padre

Este libro es el texto para el curso CG-0543 en el área de estudio de Vida Personal en el Plan de Estudio de Crecimiento Cristiano

A menos que se indique lo contrario, todas las citas bíblicas
se han tomado de la Santa Biblia, Versión Reina-Valera, Revisión de 1960,
© Sociedades Bíblicas en América Latina, publicada por
Broadman & Holman Publishers,
Nashville, Tennessee, Usada con permiso

Las referencias marcacadas como *The Message* son tomadas de *The Message*.
Copyright © 1993, 1994, 1995.
Usada con permiso de NavPress Publishing Group.

Editor: Oscar James Fernández
Editores Asociados: Pablo Urbay y Norma Antillón
Traductor: Juan Merlos
Correctora de Estilo: Luis Ruíz
Correctora de Pruebas: Verónica Sánchez
Diseño Gráfico: Dale Royalty

Impreso en los Estados Unidos de América

LifeWay Press
127 Ninth Avenue, North
Nashville, Tennessee 37234-0151

Contenido

Acerca de la autora............................. 5
Acerca de este estudio 6

Semana 1: La relación padre-hija/hijo 7
Día 1: La paternidad de Dios 8
Día 2: La relación de Dios como Padre 10
Día 3: Nosotros como hijos de Dios 13
Día 4: La influencia de los padres terrenales 16
Día 5: Anhelando al padre 18

Semana 2: Nuestro Padre Dios se relaciona 21
Día 1: Expresiones de su amor 22
Día 2: Dimensiones de su amor 25
Día 3: Cualidades de su amor 28
Día 4: La presencia del Padre 30
Día 5: Amistad con el Padre 33

Semana 3: El Padre se dedica a usted 35
Día 1: El Padre se deleita en usted 36
Día 2: El Padre es confiable 38
Día 3: El Padre guía 41
Día 4: El Padre corrige 43
Día 5: El Padre es paciente y perdona 46

Semana 4: Nuestro Padre Dios es solícito 49
Día 1: El Padre es fuerte 50
Día 2: El Padre protege 52
Día 3: El Padre tiene un plan 54
Día 4: El Padre sana 57
Día 5: El Padre provee generosamente 60

Semana 5: Cómo quitar las barreras para
 establecer una relación 63
Día 1: Padre de huérfanos 64
Día 2: Falsas creencias acerca del padre 66
Día 3: Crea la verdad 69
Día 4: Perdone a su padre terrenal 71
Día 5: Bendiga a su padre terrenal 74

Semana 6: En la casa de mi Padre 77
Día 1: La casa de mi Padre 78
Día 2: Como el Padre así el Hijo 80
Día 3: Los hijos de mi Padre 83
Día 4: El gozo de su casa 85
Día 5: Tu hogar con el Padre 88

Guía para el líder 91

Acerca de la autora

Mary A. Kassian, originaria de Canadá, es escritora internacionalmente conocida, conferencista y maestra. Es la autora de *The Feminist Gospel* (El evangelio feminista) y *Women, Creation and the Fall* (Mujeres, la creación y la caída), y colaboradora y editora de la *NKJV Women's Study Bible* (Estudio bíblico para mujeres de la Nueva Versión King James). Ha prestado sus servicios en el comité ejecutivo del Consejo de Femineidad y Masculinidad Bíblicas con sede en Chicago.

Mary ha impartido la cátedra de Estudios sobre Mujeres en la Universidad y Seminario Bautistas del Noroeste, en la Escuela Bíblica de Mount Carmel y en el Seminario Bautista de Edmonton en Canadá. Ha ministrado a grupos internacionales de mujeres.

Mary y sus cinco hermanos crecieron en Edmonton, Alberta, Canadá, lugar adonde sus padres emigraron después de escapar del régimen comunista de Alemania Oriental. Mary se graduó de la Facultad de Medicina de Rehabilitación en la Universidad de Alberta. Estudió en la Escuela Bíblica de Capernwray en Inglaterra y actualmente cursa el doctorado en Teología Sistemática en la Universidad de Sudáfrica.

A Mary le gusta la creación artística. A menudo participa en el grupo de adoración de la Iglesia Bautista de la que es miembro, y ha escrito y dirigido liturgias para la adoración, poesía y teatro.

Mary y su esposo, Brent, tienen tres hijos. Juntos disfrutan andar en bicicleta, la caminata, el esnórquel y juegos de palabras. Ha desarrollado una pasión por el hockey sobre hielo después de pasar muchas horas observando a sus hijos en estadios locales. Ella y su familia viven en Sherwood Park, Alberta, Canadá.

Acerca de este estudio

El corazón humano tiene la necesidad fundamental del amor paterno. Esta necesidad fue esculpida en nuestros espíritus por el Padre celestial que es el único que define lo que la paternidad debe ser.

¿Por qué llamamos a Dios, Padre? Este es el nombre que ha escogido para describir mejor su relación con el Hijo y los hijos. Jesús vino para mostrarnos cómo es Dios en realidad. Cuando Jesús habló de Dios, usó la palabra "Padre" más que ninguna otra descripción o nombre.

En este estudio quiero que conozca a Dios como Padre. Conocerá a su Padre celestial al contemplarlo a través del lente imparcial de la Escritura.

Al preparar este estudio, mis pensamientos muchas veces se dirigieron hacia mi padre, Ulrich Karl Thomas, que durante toda mi vida fue ejemplo del compromiso, la fidelidad y la confiabilidad que se encuentran en Dios.

En la casa de mi Padre es un estudio bíblico interactivo con duración de 6 semanas (5 lecciones por semana). La lección diaria, que debe estudiar en forma individual, no debe llevarle más de 20 minutos. La introducción al estudio de cada semana tiene un versículo que usted debe memorizar. La mayoría de los estudios para cada día empiezan con el testimonio personal de alguien al que le pedí me describiera la relación con su padre terrenal y cómo afectó su percepción del Padre celestial.

Lo ideal es que cada semana se reúna con otros hermanos que también estén estudiando este material, a fin de comentarlo en grupos pequeños dirigidos por un voluntario. En las páginas 91-95 de este libro se encuentra una guía para líderes.

En la primera semana de este estudio, usted examinará lo que implica su relación con Dios como su Padre. En las semanas 2, 3 y 4 estudiará lo que dicen las Escrituras acerca del carácter del Padre. En la semana 5, quitará las barreras que impiden su relación con Dios como Padre. En la última semana, la invitaré a entrar a la casa del Padre, el lugar donde Él mora.

En el último versículo del Antiguo Testamento, el profeta Malaquías esperaba un tiempo de justicia en que los corazones de los padres se volvieran hacia los hijos y los corazones de los hijos hacia los padres. Aún ahora, el corazón del Padre está inclinado hacia usted. ¿Volverá su corazón hacia Él?

Mary A. Kassian
Julio 1, 1998

Semana 1
La relación Padre-hija/o

Resumen de la semana 1
Esta semana usted:
- reflexionará sobre lo bien que conoce a su Padre celestial;
- identificará las maneras en que Dios es su Padre;
- entenderá lo que significa el simbolismo de los géneros;
- evaluará cómo su experiencia con su padre terrenal influye en su percepción de Dios;
- se comprometerá a llegar a conocer más a Dios como Padre.

En 1996 Bob Carlisle publicó "Butterfly kisses" (Besos de mariposa), una balada que habla del amor de un padre por su hija. "Butterfly kisses" pronto se convirtió en un éxito, siendo el número uno no solo en Norteamérica sino también en todo el mundo. Esta canción evidentemente tocó algo muy profundo en el corazón humano, algo común tanto para hombres como para mujeres sin tomar en cuenta su nacionalidad o convicción religiosa.

En el libro de regalo del mismo título, Bob Carlisle reflexiona sobre el enorme éxito de la canción y relata historias de cómo padres e hijos han respondido. Dice: "Recibo mucha correspondencia de jovencitos que quieren que yo me case con su mamá. Eso me parecía muy gracioso, pero luego me di cuenta de que no querían romance para mamá. Querían al papá que está en esa canción, y eso en realidad me mata".[1]

Los jovencitos quieren un papá que los ame, los proteja, sea bondadoso y tierno con ellos. Quieren un papá que sea fuerte, confiable y estable en su compromiso con su familia. Quieren un papá que los ayude, los enseñe y sea su más grande admirador.

Su deseo de tener un papá así hace que le escriban a un perfecto extraño. ¡Qué conmovedora demostración de lo profunda que es la necesidad humana de tener un padre así! Pero a diferencia de los que respondían a "Butterfly kisses", nosotros no tenemos que buscar un padre terrenal. Por medio de Jesús, ya hemos establecido una relación con el Padre de nuestros sueños.

Esta semana empezaremos a explorar la relación entre el Padre celestial y sus hijos terrenales.

Versículo para memorizar
"Pues no habéis recibido el espíritu de esclavitud para estar otra vez en temor, sino que habéis recibido el espíritu de adopción, por el cual clamamos: ¡Abba, Padre! El Espíritu mismo da testimonio a nuestro espíritu, de que somos hijos de Dios" (Romanos 8.15-16).

Lecciones de esta semana
Día 1: La paternidad de Dios
Día 2: La relación de Dios como Padre
Día 3: Nosotros como hijos de Dios
Día 4: La influencia de los padres terrenales
Día 5: Anhelando al Padre

Día 1
La paternidad de Dios

"Y seré para vosotros por Padre, y vosotros me seréis hijos e hijas, dice el Señor Todopoderoso"
(2 Corintios 6.18).

Mi papá era muy amigable y cariñoso, jugaba "luchitas" con nosotros cuando éramos chicos y de grandes nos daba abrazos generosos. Siempre hubo una tendencia oculta de amor incondicional. Inclusive después de que me casé y tuve una familia propia, lo primero que hacía cuando iba a visitar a mis padres era sentarme a hablar con mi papá en su gran sillón, sintiendo que todo estaba "bien en el mundo".

Por mi papá, me ha sido sencillo comprender el concepto de una relación personal con un Padre celestial que me ama incondicionalmente y me da seguridad. He vislumbrado estas cualidades a través de mi padre terrenal. ¡Cuánto más maravilloso es conocerlas en toda su magnitud, a través de la experiencia propia!

Kirsten

Como Kirsten, yo también tengo gratos recuerdos de mi padre. Nosotros le decíamos papi. Los domingos despertábamos al aroma de cereal de chocolate, cubierto con merengue y avena tostada, que él preparaba en casa. Después del ajetreo de la iglesia y las visitas de la comida, mi papi nos llevaba a dar un paseo a la barranca. Tirábamos piedras al arroyo, jugábamos carreras con barcos de palitos, atrapábamos ranas y, no obstante el peligro, buscábamos mantener el equilibrio al atravesar el puentecillo angosto de madera.

De vuelta en casa, mi papi se metía a la cocina y aparecía con grandes conos de papel llenos de blancas y esponjosas palomitas o "purtzeln" (pastelillos de masa tipo dona, con betún encima). Luego mi papi y mi mami nos metían a los 6 a la camioneta para ir al culto vespertino. En la penúltima banca del lado izquierdo de la pequeña iglesia, yo me acurrucaba en el regazo de mi papi, reclinaba mi cabeza sobre su corazón y me quedaba dormida.

Para la mayoría de nosotros el término "padre" no es un concepto abstracto. Albergamos recuerdos, sentimientos y pensamientos reales acerca de nuestro padre, una persona con la que nos hemos relacionado bien o mal.

Si usted es cristiano, Dios es su Padre celestial. Al meditar sobre esto me asombran las implicaciones. Padre significa una persona. Padre significa una relación. Padre significa alguien a quien podemos conocer.

Entendemos que Dios es esencialmente Espíritu, sin embargo, al escoger la mejor palabra y la más exacta para revelar su relación con nosotros, escogió la palabra Padre. Dios es nuestro bondadoso y amante Padre celestial que quiere conocernos de una manera personal.

> Para la mayoría de nosotros, "padre" no es una idea abstracta.

👉 **Lea 2 Corintios 6.16 en el margen. Subraye las palabras que reflejen una relación personal con Dios. Encierre en un círculo la palabra o frase que signifique más para usted.**

"Como Dios dijo: Habitaré y andaré entre ellos, y seré su Dios, y ellos serán mi pueblo" (2 Corintios 6.16).

La paternidad no es una mera analogía para entender un aspecto del carácter de Dios. Él no es padre de la manera en que es una "puerta" (Juan 10.9) o "roca" (Sal. 18.2). La palabra Padre expresa quién es Dios y cómo se relaciona con nosotros. Dios es nuestro Padre, y nosotros somos sus hijos. La paternidad de Dios es la realidad que Jesús vino a revelar y la relación que Él vino a restaurar.

Jesús oró: "Padre justo, el mundo no te ha conocido, pero yo te he conocido, ...y les he dado a conocer tu nombre, y lo daré a conocer aún, para que el amor con que me has amado, esté en ellos, y yo en ellos" (Juan 17.25-26). Antes, Jesús dijo: "Esta es la vida eterna: que te conozcan a ti" (Juan 17.3).

De acuerdo con estos versículos, Jesús vino para que nosotros podamos:
- conocer al Padre
- experimentar el amor del Padre, y
- establecer una relación con el Padre por medio de su Hijo Jesús.

👉 **Ponga una X sobre la línea para expresar qué tan bien siente que conoce a su Padre celestial.**

```
████████████████████████████████████████
```
no muy bien   **muy bien**

Cuando confesamos a Jesús, confesamos al Padre: (1 Juan 2.23). Por medio de Jesús, tenemos acceso a Dios por su Espíritu (Efesios 2.18). A veces los cristianos se centran en Jesús o en el Espíritu Santo, cuando la misión primordial de la segunda y la tercera personas de la Trinidad es reconciliarnos con el Padre y ayudarnos a conocerlo.

👉 **Considere su relación con Dios. ¿Con cuál de las personas de la Trinidad se siente más a gusto?**

  ❏ Padre   ❏ Hijo   ❏ Espíritu Santo

¿A quién dirige con mayor frecuencia sus oraciones?

  ❏ Padre   ❏ Hijo   ❏ Espíritu Santo

J.I. Packer señala: "Conocer a Dios como nuestro padre —como nuestro todopoderoso, amante Padre— es el aspecto de primer orden, más rico y de mayor recompensa de toda nuestra relación con Él". [2]

¿Quiere desarrollar una relación más íntima con Dios Padre? Si es así, dígale el porqué en el espacio a continuación.

_____

_____

_____

_____

Día 2
La relación de Dios como Padre

Una de las más grandes alegrías de mi vida fue la de cargar a mi pequeña hija inmediatamente después que nació. Darme cuenta que tenía una hija, entender que yo era papá. ¿Qué tiene de especial ser el papá de una niña? Tal vez la forma en que me llama papá. Nadie más en el mundo me puede llamar así. Es también la forma increíble en que ella lo dice.³

Neal

"Nuestra comunión verdaderamente es con el Padre, y con su Hijo Jesucristo" (1 Juan 1.3).

Un sábado en la noche mientras algunas "mamás del hockey" esperábamos a que empezara el partido de nuestros hijos, comenzamos a platicar sobre la historia de la bebé Sarah, un caso de custodia que recibió mucha atención por parte de la prensa. Una madre soltera dio a su pequeña hija en adopción. El padre de la niña no estaba enterado del embarazo.

Cuando el joven se enteró que había sido padre, inició una batalla por la custodia en contra de los padres adoptivos. Después de una batalla de tres años y medio, los tribunales ordenaron a los padres adoptivos que regresaran a Sarah a su padre biológico. Los reportajes de televisión fueron desgarradores. La pequeña niña lloraba gritando "papá" y se abrazaba de su padre adoptivo, mientras que él, con lágrimas en los ojos la entregaba a su padre biológico, que también estaba llorando ante la perspectiva de poder al fin abrazar a su hija.

Esta tragedia de la vida real invita a la pregunta: ¿Quién es el verdadero padre de Sarah? ¿El hombre que participó en darle la vida? ¿O el hombre que la cuidó día a día? En realidad, tanto al que le dio la vida como al que la crió puede llamársseles correctamente padre.

Nos damos cuenta que hay diferentes expresiones de paternidad. Dios es también Padre en distintas formas. La Biblia describe cuatro diferentes tipos de relación en que Dios es Padre.

Dios, el Padre Creador

Dios es Padre de todas las personas en virtud de que les dio la vida. Sin el Padre creador no habría existencia, ni ninguna familia humana. Cuando Pablo predicó desde el Cerro de Marte, citó al poeta Aratus: "Linaje suyo somos", para indicar que los humanos son criaturas de Dios (Hechos 17.28). Argumentaba que es irracional que los humanos adoren ídolos que ellos mismos han creado. En vez de esto, los humanos deberían adorar al Dios que los creó, y los hizo sus hijos. En Malaquías 2.10, el profeta pregunta, "¿No tenemos todos un mismo padre? ¿No nos ha creado un mismo Dios?".

Dios, el Padre de Israel

La segunda relación de Dios como padre es su relación de pacto con la nación del pacto, Israel. Los judíos fueron escogidos para ser hijos de Dios: (Jeremías 31.1, 9). Vez tras vez, el pueblo de Israel enfrentó el desafío de reconocer y responder a esta relación de pacto: "Yo preguntaba: ¿Cómo os pondré por hijos, y os daré la tierra deseable, la rica heredad de las naciones? Y dije: Me llamaréis: Padre mío, y no os apartaréis de en pos de mí" (Jeremías 3.19).

Dios, el Padre de Jesús

La paternidad generativa se refiere a la relación única que existe entre la primera y la segunda persona de la Trinidad. Jesús, que existe eternamente, es el "Hijo unigénito" (Juan 3.16) del Padre, el "Primogénito" (Hebreos 1.6). Ambos se relacionan como Padre e Hijo, sin embargo son iguales, ambos son totalmente Dios (Filipenses 2.6).

Aunque los judíos se identificaban como "hijos" de Dios, Jesús proclamaba ser el Hijo de Dios de manera exclusiva. Regularmente se dirigía a Dios como "mi Padre", manifestando así una intimidad que hacía enojar a los judíos, porque ellos entendían que esto significaba que Jesús era igual a Dios (Juan 5.18).

Dios, el Padre Adoptivo

La Biblia enseña claramente que la calidad de hijos de Jesús es la base para nuestra propia relación con Dios. Jesús nos redimió para que pudiéramos ser adoptados en la familia de Dios y relacionarnos con Dios como nuestro Padre.

La adopción legal cambiaba el estado legal de un niño, de una identidad familiar y herencia a otra. Un hijo adoptivo tenía todos los derechos y privilegios de un hijo nacido en la familia. En los primeros versículos de Efesios, Pablo explica que Dios "escogió" que fuéramos

"Solo hay un Dios, el Padre, del cual proceden todas las cosas, y nosotros somos para él" (1 Corintios 8.6).

"Ahora pues, Jehová, tú eres nuestro padre; nosotros barro, y tú el que nos formaste; así que obra de tus manos somos todos nosotros" (Isaías 64.8).

"Por lo cual también el Santo Ser que nacerá, será llamado Hijo de Dios" (Lucas 1.35).

"Pero cuando vino el cumplimiento del tiempo, Dios envió a su Hijo, nacido de mujer y nacido bajo la ley, para que redimiese a los que estaban bajo la ley, a fin de que recibiésemos la adopción de hijos" (Gálatas 4.4-5).

adoptados en su familia de acuerdo al "puro afecto de su voluntad" (Efesios 1.4-5).

Jesús hizo posible esta relación de adopción, por medio de su sacrificio en la cruz.

❧ **Lea cada uno de los siguientes versículos. Y en el espacio correspondiente, escriba de qué tipo de relación con el Padre se trata: CR (por creación), PA (por pacto), G (por generación) o A (por adopción).**

_____ 1. Isaías 63.16   _____ 2. Isaías 64.8

_____ 3. Juan 1.12-13   _____ 4. Juan 8.19

¿Tiene usted una relación de adopción con Dios el Padre?
❏ Sí   ❏ No

Lea Efesios 1.3-5 en el margen. Marque las razones por las cuales usted ha sido adoptado por el Padre:
❏ porque es digno
❏ porque hace buenas obras
❏ por su belleza y talento
❏ porque Él quiso adoptarlo

Recuerde el momento en el que nació de nuevo. El amor, gozo, ternura y orgullo del Dios todopoderoso, su Padre celestial, estaba centrado en usted.

❧ **¿Se deleita en tener a Dios por Padre tanto como Él se deleita en tenerlo a usted por hijo? Escriba una oración reconociendo a Dios como su Padre. Agradezca que Él le haya escogido como su hijo/a.**

_____

_____

_____

Respuestas a la actividad previa: 1. PA, 2.CR, 3.A, 4.G

"Bendito sea el Dios y Padre de nuestro Señor Jesucristo, que nos bendijo con toda bendición espiritual en los lugares celestiales en Cristo, según nos escogió en él antes de la fundación del mundo, para que fuésemos santos y sin mancha delante de él, en amor habiéndonos predestinado para ser adoptados hijos suyos por medio de Jesucristo, según el puro afecto de su voluntad" (Efesios 1.3-5).

Día 3
Nosotros como hijos de Dios

Mi padre murió cuando yo tenía dos años. Crecer sin un padre terrenal dejó en mí un profundo dolor, un hueco de soledad, un hambre. El deseo de ser abrazada y amada, y de conocer a mi padre, está presente. Me dan ganas de llorar cuando observo a las niñas pequeñas lanzarse con confianza a los brazos fuertes de sus padres, riéndose y gritando "¡Papá! ¡Levántame!" o solo "¡Papi!", y cómo ellos las abrazan. Considero la relación padre-hija la más vulnerable, y por lo tanto la más tierna de todas las relaciones humanas. Me emociona pensar que Dios quiere relacionarse conmigo de esta manera.

Patti

> "Porque todos los que son guiados por el Espíritu de Dios, éstos son hijos de Dios" (Romanos 8.14).

Cuando estaba en la universidad, conocí a una señorita llamada Sondra, que se sentía atraída al evangelio pero se resistía a ser cristiana. Pensaba que Dios tiene prejuicios respecto de las mujeres. Muchas mujeres contemporáneas creen que los hombres son abusivos y opresores por naturaleza; culpan a la religión cristiana por lo que consideran el prejuicio de los hombres hacia las mujeres.

En una clase de filosofía oí a un profesor decir que el Dios cristiano era inaceptable para la mujer porque Él se identificaba con pronombres masculinos y con el nombre Padre. Tal Dios, razonaba el profesor, legitimaba la dominación y el abuso masculino de la mujer.

¿Es verdad? ¿Prefiere Dios Padre a los hombres? Busque los siguientes versículos en la Biblia y llene los espacios:

Romanos 8.19 "Porque el anhelo ardiente de la creación es el aguardar la manifestación de los _____ de Dios".

Gálatas 3.26 "Pues todos sois _____ de Dios por la fe en Cristo Jesús".

Hebreos 2.10 "Habiendo de llevar muchos _____ a la gloria".

¿Llenó los espacios con la palabra "hijos"? Ahora, examinemos el significado de hijos. En el idioma hebreo, la palabra *hijo* se puede usar de manera figurada para señalar el origen y la naturaleza de las personas. Por lo tanto, vemos expresiones como "hijos de los profetas" (Hechos 3.25), "hijos de la resurrección" (Lucas 20.36), "hijo de paz" (Lucas 10.6), "hijo del diablo" (Hechos 13.10) e "hijos de desobediencia" (Efesios 2.2).

> "Hijos de hombre" se refiere a humanos, personas de carácter mortal.

"Pues todos sois hijos de Dios por la fe en Cristo Jesús; porque todos los que habéis sido bautizados en Cristo, de Cristo estáis revestidos. Ya no hay judío ni griego; no hay esclavo ni libre; no hay varón ni mujer; porque todos sois uno en Cristo Jesús" (Gálatas 3.26-28).

Por consiguiente, la expresión bíblica "hijos de hombre" significa "humanos", mortales en origen y carácter. Si comprendemos este significado de hijos podemos entender por qué se ofendieron tanto los judíos cuando Jesús se llamó a sí mismo Hijo de Dios. Entendieron que Jesús decía que su origen era el mismo que el de Dios y era del mismo carácter de Dios. Su proclamación ofendió tanto a los judíos que perseguían matarlo (Juan 5.18-23).

Si entendemos el significado bíblico de hijos aclaramos que el término "hijos de Dios" no significa "hijos varones". Al llamarnos hijos a los creyentes, Dios nos comunica que los creyentes encuentran su origen en Él y llevan la misma naturaleza que Él. Además, de ese modo se asemeja fuertemente la relación de redención con el Padre a la relación de Jesús con el Padre. Jesús es el Hijo de Dios y los creyentes somos hijos de Dios.

Pero, ¿quién puede ser hijo de Dios? Lea el pasaje que se encuentra en el margen y subraye el requisito para ser hijo de Dios.

Complete el siguiente enunciado con su nombre y medite en este pensamiento.
_____ es hijo de Dios por la fe en Cristo Jesús.

Marque todos los enunciados verdaderos.
❏ **Una persona llega a ser "hijo de Dios" por fe en Cristo Jesús.**
❏ **La frase "hijos de Dios" nos identifica con Jesús, el Hijo de Dios.**
❏ **La frase hijos de Dios se refiere al origen y carácter, no al género.**

Para que no exista confusión en cuanto a la inclusión de las mujeres, la mayoría de los autores bíblicos que identifican a los creyentes como "hijos de Dios", utilizan la expresión como una denominación general que incluye tanto a hombres como mujeres. En Romanos 8.16, Pablo dice que somos "hijos de Dios". En el versículo siguiente (8.17) menciona una vez más la palabra "hijos". En Hebreos 2.10, se les llama a los creyentes "hijos". En el versículo 14 se les llama "hijos". En la actividad debió marcar todos los enunciados.

Lea los siguientes versículos. Hablan de la relación de adopción que tienen los creyentes con Dios Padre: Juan 1.12; Filipenses 2.15 y 1 Juan 3.1. En el espacio escriba la frase que se refiere a los que han recibido a Cristo como Salvador.

_____

Dios mismo tiene cuidado al especificar que es Padre tanto de hombres como de mujeres: "Y seré para vosotros por Padre, y vosotros me seréis hijos e hijas, dice el Señor Todopoderoso" (2 Corintios 6.18). En la actividad previa debió escribir hijos.

La belleza del simbolismo de género

Ko Myung-ok observó con nerviosismo la pantalla del ultrasonido, orando porque no sufriera el quinto aborto. Su corazón dio un vuelco cuando el técnico le mostró lo que ella quería ver. "Finalmente era un hijo". Relata: "Sentí como si hubiera bajado una estrella del cielo".

Otras mujeres que la acompañaban en un programa matutino asentían con simpatía. Los sud-coreanos tienen una fuerte preferencia tradicional por los hijos. En un año han abortado 30,000 niñas porque sus padres no querían hijas.

En nuestra sociedad tendemos a reaccionar a las diferencias entre los sexos tratando de borrar todas las diferencias entre hombres y mujeres. No apreciamos la profundidad y la belleza del simbolismo de los géneros. En lugar de eso, encontramos las diferencias discriminatorias, y algunos traductores tratan de borrarlas de la Biblia. Esta tendencia es trágica. No solo insultamos a Dios al cambiar su manera de revelarse, sino que también perdemos de vista la profundidad y belleza de esta lección objetiva.

Las imágenes literarias de género utilizadas en la Biblia revelan el carácter de Dios y su relación con nosotros. En la Biblia se utilizan pronombres masculinos porque así se representa de una manera más exacta a Dios: quién es en relación con los otros miembros de la Trinidad y quién es en relación con nosotros. Dios es Padre. Jesús es Hijo. Padre-Hijo es como los dos se relacionan. Las mujeres redimidas, junto con los hombres redimidos, son "hijos de Dios".

El simbolismo de género revela el carácter de Dios y su relación con nosotros.

Otra imagen literaria de género: la Biblia enseña que los hombres redimidos, junto con las mujeres redimidas, son "la esposa de Cristo". Cristo tiene una relación esposo-esposa con su iglesia (Efesios 5). Dios no llama a los hombres "esposa" porque los valore más que a las mujeres. Los llama "esposa" para enseñar sobre el amor, la intimidad y la unidad en la relación de Cristo con su iglesia.

Ponga una X en la línea para indicar sus sentimientos al leer pasajes bíblicos con imágenes literarias de género.

Muy cómoda   **Muy incómoda**

La forma en que se siente ¿está moldeada por el mundo o por la verdad de Dios?

❏ **Mundo** ❏ **Verdad divina** ❏ **Algo de los dos**

Sondra, a quien les presenté al principio de la lección de hoy, sí tomo el riesgo de la fe y puso su confianza en Dios. Observé su lucha con asuntos de género y de Dios por muchos años. Gradualmente, Sondra llegó a confiar en Dios plenamente como su Padre amoroso. Encontró paz y bendición en ella misma como Dios la hizo, Dios valora a todos por igual. Te ama y valora a ti, su hija, tanto como valora a sus hijos. Todos somos hijos de Dios.

 En el margen escriba una oración corta a su Padre Dios reconociendo que Él nos ama. Si tiene luchas al respecto, reconózcalas en su oración.

Día 4
La influencia de los padres terrenales

Cuando pienso en mis dos padres —el terrenal y el celestial— me imagino una ventana torcida y sucia. Veo a Dios a través de la ventana de mi padre y por eso la imagen que tengo de Dios en realidad está muy distorsionada. Emocionalmente temo hacer el ridículo. Temo no llenar las expectativas. Temo la cercanía y la intimidad. He empezado a orar por que Dios me dé fuerza para hacer a un lado la ventana de mi padre terrenal a fin de poder ver más claramente a mi Padre celestial.

Lisa

"Tuvimos a nuestros padres terrenales que nos disciplinaban, y los venerábamos. ¿Por qué no obedeceremos mucho mejor al Padre de los espíritus, y viviremos?" (Hebreos 12.9).

Los hombres terrenales representan cuadros de la paternidad. Vamos a suponer que le pido a varias personas que hagan un retrato mío. Para alguien que no tenga talento artístico, el retrato se asemejará a mí solo vagamente en el trazo de una cara con dos ojos, una nariz y una boca. Si el retrato lo hiciera un niño pequeño tal vez apenas parezca un ser humano.

Si fuera un pintor que cuidadosamente hubiera estudiado mis facciones, el retrato sería una fiel representación de mi imagen. Pero aun el mejor retrato no llegaría a representar exactamente la realidad. Un retrato de dos dimensiones es inadecuado para representar fielmente a un ser de tres dimensiones.

De la misma manera, algunos padres terrenales esbozan retratos bastante buenos de la verdadera paternidad. Sin embargo, por muy buena que sea la imagen, no es lo real. Su paternidad es solo una sombra de la verdadera paternidad de Dios.

El Credo de Anastasio, fechado en 341 d. C., empieza con esta afirmación: "Creemos en un Dios, el Padre todopoderoso, Creador y Hacedor de todas las cosas; de quien toma su nombre toda la paternidad en el cielo y en la tierra".

Esta parte del credo se basa en un pasaje de Efesios en el que Pablo ora diciendo: "Ante el Padre de nuestro Señor Jesucristo, de quien toma nombre toda familia en los cielos y en la tierra" (Efesios 3.14-15). Es evidente que la iglesia primitiva tomaba esto como una declaración esencial sobre la naturaleza de Dios. Dios ha provisto un modelo de la paternidad terrenal y las relaciones familiares basado en su propia paternidad. Dios, y no el hombre, define la verdadera paternidad.

Jesús usó la analogía de los padres terrenales y nuestro Padre celestial para enseñar la naturaleza de Dios. Dijo que si los padres terrenales que son malos, saben tratar a sus hijos con bondad y generosidad, cuanto más cuidará el Padre celestial de sus hijos (Mateo 7.9-10; Lucas 11.13; Hebreos 12.9-11). Jesús enseñó que la paternidad terrenal, aun con todos sus defectos, señala hacia la perfecta paternidad de Dios.

Para desarrollar su relación con Dios como Padre, intente reconocer si su percepción de Él viene primordialmente del retrato que su padre terrenal ha dibujado para usted o del retrato de la perfecta paternidad de Dios como se revela en la Biblia.

Dios, y no el hombre, es quien define la verdadera paternidad.

Lea los siguientes rasgos de personalidad. Encierre en un círculo los que considere rasgos positivos de su padre terrenal. Subraye los que fueron sus rasgos negativos.

presente	no confiable	tierno
sin amor	paciente	afectuoso
afirmativo	bondadoso	enojón
controlador	generoso	honesto
inseguro	que acepta	negligente
abusivo	responsable	flojo
perdonador	débil	

Revise las palabras que encerró en un círculo. ¿Cree que estos rasgos positivos forman parte de la paternidad de Dios? Ponga una X en la línea para indicar su respuesta.

Sí   No

Revise las palabras que subrayó. Emocionalmente, ¿teme que estos rasgos negativos de la paternidad también formen parte del carácter de Dios? Ponga una X sobre la línea para indicar su respuesta.

Sí   **No**

Este ejercicio tiene como propósito ayudarle a identificar el origen de sus ideas acerca de Dios. Esperamos que aquellos que no han experimentado la bendición de tener un buen padre terrenal, hayan identificado en qué aspectos necesitan sanidad o qué pensamientos deben corregir sobre la verdadera paternidad. Pídale al Espíritu Santo que le ayude a ver más allá de la ventana de su padre terrenal, hacia los ojos de su Padre celestial.

"Mi corazón y mi carne cantan al Dios vivo" (Salmo 84.2).

Día 5
Anhelando al Padre

Mi padre, más que ningún otro, ha desempeñado el papel de visionario en mi vida. Me reta a pensar en grande, a invertir mi vida sabiamente, y a cambiar mi mundo. Sé sin lugar a dudas que mi padre me ama, cree en mí y quiere lo mejor para mí. Gracias a la relación con mi padre, no tengo problemas para obedecer a Dios y confiar en Él. Pienso que estaría kilómetros rezagada en mi cristianismo, si no hubiera sido por una relación fuerte con mi padre.

Karen

Anhelamos ese "algo más" que se encuentra en una relación íntima con Dios Padre. Ese deseo radica en el corazón de todo creyente. No podemos llenar el vacío, el gran hueco dentro de nosotros, con ninguna otra cosa o persona.

El espíritu de adopción

Como cristianos, hemos recibido el espíritu de adopción. La palabra adopción, se refiere al proceso legal de convertirse en hijo/a. Para algunos de nosotros, la adopción conlleva la idea del "mejor en segundo lugar" porque las parejas adoptan niños solo después de descubrir que no pueden tener hijos propios.

    En días de Pablo, en la cultura romana, un hijo adoptivo podía tener mayor prestigio o privilegio que el hijo propio. Si un hijo propio no tenía las habilidades, el carácter, o los atributos que su padre deseaba, este con diligencia buscaba un niño que contara con las cualidades deseables y pudiera ser adoptado. A la muerte del padre, este hijo adoptivo heredaría el título del padre y la mayor parte de su herencia; y sería el principal progenitor del nombre familiar.

Semana 1: La relación Padre-hija/o

Usted ha sido adoptado por Dios. Ha sido altamente favorecido y escogido como su hijo. Porque es hijo, Dios ha enviado al Espíritu de su Hijo a su corazón (Gálatas 4.6). Ha recibido el Espíritu de adopción.
• Su relación legal y social con el pecado ha sido cortada.
• Todas sus deudas y obligaciones previas han sido erradicadas.
• Ha sido puesto permanentemente en la familia de Dios.
• Ha recibido todos los derechos y obligaciones de hijo.

En la página 7 lea nuestro versículo para memorizar, Romanos 8.15-16. Luego lea Gálatas 4.6-7 en el margen. Complete las siguientes oraciones.

1. He recibido el espíritu de _____.

2. El Espíritu da testimonio a mi _____ **para hacerme consciente del hecho de que Dios es mi** _____ **y yo soy su** _____.

3. El Espíritu me impulsa a una intimidad con _____, **y me lleva a clamar, "**_____**".**

El espíritu de temor

Lamento el hecho de que algunos hijos teman a su padre. Usted podrá experimentar miedo, no confiar en Dios y ser retraído; pero Dios Padre lo ama y quiere que conozca la verdadera paternidad. Cuando entregó su corazón a Jesús, no recibió un espíritu de temor, sino un espíritu de confianza porque es hijo de Dios y puede relacionarse libremente con Él como Padre. El Espíritu Santo sustituirá el temor y lo acercará al corazón del Padre con el suave toque de su amor.

Ponga una X sobre la línea para indicar el grado en que el temor caracteriza su relación con Dios.

No hay temor　　　　　　　　　　　　　　　**Muy temerosa**

El temor nos esclaviza e impide que lleguemos a conocer mejor a Dios el Padre. Nosotros decidimos si nuestra relación con Dios el Padre estará regida por nuestros temores o si nuestros temores serán vencidos por el poder del Espíritu.

"Y por cuanto sois hijos, Dios envió a vuestros corazones el Espíritu de su Hijo, el cual clama: ¡Abba, Padre! Así que ya no eres esclavo, sino hijo; y si hijo, también heredero de Dios por medio de Cristo" (Gálatas 4.6-7)

El Espíritu Santo sustituirá el temor.

Nosotros también podemos acercarnos a Dios como nuestro querido Padre, nuestro papi, nuestro papacito.

🦋 **Diga o escriba una oración en el margen. Clame: "Abba, Padre". Pídale al Espíritu que lo libere de la esclavitud del temor. Pídale que lo ayude a ser lo suficientemente vulnerable para mirar más allá de la imagen de su padre —haya sido bueno o malo— y ver los ojos de su verdadero, perfecto y amoroso Padre celestial.**

Querido Padre

Cuando Jesús hablaba con Dios, no solo usó vocablos comunes para los judíos como nuestro Padre o vuestro Padre (Isaías 63.16; Mateo 5.45; 6.9), también usó "Abba", una palabra familiar e íntima en su idioma materno, el arameo. Abba es el equivalente a papi o papacito el día de hoy. El uso de esta palabra es significativo. Habla de una relación personal. Habla de intimidad, ternura, dependencia y una total ausencia de temor o ansiedad.

Jesús disfrutaba de este tipo de relación con su Padre. Les enseñó a sus discípulos a disfrutar de esta misma intimidad con Dios Padre. Nosotros también podemos acercarnos a Dios como nuestro querido Padre, nuestro Papá, nuestro Papacito. Y como hemos visto, Dios ha imprimido este mismo deseo en nuestros espíritus.

Vuelva a leer el versículo para memorizar de esta semana. El verbo "clamar" indica una expresión de profunda emoción. Literalmente, el espíritu de Jesús sigue clamando, aún ahora, "Abba". Esta fuerte e intensa necesidad que tenemos nos lleva hasta el corazón de nuestro Padre.

🦋 **¿Con cuánta fuerza siente el anhelo de relacionarse con Dios el Padre? Mi anhelo es (marque uno):**

❏ muy débil   ❏ muy fuerte   ❏ incierto

¿Puede hacer el siguiente compromiso? Si lo puede hacer, escriba su firma en el espacio correspondiente.

Me comprometo conscientemente a conocer a Dios el Padre más íntimamente.

_____ (firma)

Algo que hacer

Durante los próximos días, elabore en casa una tarjeta para el día del padre dirigido a Abba, Dios Padre. En ella, exprese lo que su corazón siente por Él, use cualquiera de los nombres con que se sienta a gusto: Abba, Padre, querido Padre, Papi. Tal vez quiera repasar las lecciones de esta semana e incluir cualquiera de las verdades que haya aprendido o compromisos que haya hecho. Cuando haya terminado la carta, aparte un tiempo para "presentar" la carta a su Padre en oración y pasar un tiempo hablando con Él acerca de su relación. Hable con su Padre en forma honesta sobre su paternidad y su relación con Él. Guarde la tarjeta en un lugar especial. Se le pedirá que la consulte dentro de algunas semanas.

Semana 2
Nuestro Padre Dios se relaciona

Resumen de la semana 2
Esta semana podrá:
- identificar el lenguaje amoroso del Padre
- describir cuánto le ama su Padre
- determinar la disposición básica del Padre
- comprometerse a ser amiga/o de Dios

"Oh Padre, mi Padre ... Padre Dios". Con vacilación pronuncié estas palabras en voz alta ... Y luego, como si algo se abriera paso dentro de mí, pude confiar en que Él me estaba escuchando, tal como mi padre terrenal siempre lo ha hecho.

"Padre, oh mi Padre, Dios", exclamé con una confianza en aumento. Mi voz sonaba demasiado fuerte a pesar de la amplitud de la recámara, mientras me arrodillaba en el tapete a un lado de la cama. De pronto ese cuarto ya no estaba vacío. ¡Él estaba allí! Podía sentir su presencia. Podía sentir su mano posarse sobre mi cabeza. Era como si yo pudiera ver sus ojos, llenos de amor y compasión.

Estaba tan cerca que me encontré colocando mi cabeza sobre sus rodillas como una niña pequeña sentada a los pies de su padre. Por un largo rato quedé arrodillada allí, llorando suavemente, flotando en su amor.

"Estoy confundida, Padre", dije. "Tengo que aclarar algo de inmediato". Tomé de la mesa de noche la Biblia y el Corán, que estaban juntos. Levanté ambos libros y sostuve uno en cada mano. Y dije: "¿Cuál, Padre? ¿Cuál es tu libro?"

Luego pasó una cosa extraordinaria. Nunca había pasado algo semejante en mi vida. Escuché una voz dentro de mi ser, una voz que me habló de una manera tan clara como si repitiera yo las palabras en el interior de mi mente. Eran tan reanimantes..., y denotaban bondad, pero al mismo tiempo autoridad.

"¿En cuál libro me encuentras como tu Padre?"

Bilquis Sheikh

Versículo para memorizar
"Porque los montes se moverán, y los collados temblarán, pero no se apartará de ti mi misericordia, ni el pacto de mi paz se quebrantará, dijo Jehová, el que tiene misericordia de ti" (Isaías 54.10).

Lecciones de esta semana
Día 1: Expresiones de su amor
Día 2: Dimensiones de su amor
Día 3: Cualidades de su amor
Día 4: La presencia del Padre
Día 5: Amistad con el Padre

Día 1
Expresiones de su amor

"Con amor eterno te he amado; por tanto, te prolongué mi misericordia" (Jeremías 31.3).

Mi padre era un hombre callado, pero nunca se ha comunicado tanto amor con tan pocas palabras. Nunca se me olvidará el día en que iba a presentar mi examen final de contabilidad. Como una hora antes del examen, llamaron a la puerta y al abrir me encontré con un arreglo de rosas en botón. La inscripción en la tarjeta decía simplemente "Papá", pero el gesto decía mucho más. Papá nunca dijo "te amo" con todas sus letras. Pero me abrazaba con fuerza y, con lágrimas en los ojos, decía en voz baja: "Tú eres mi niña". Y yo entendía exactamente qué era lo que decía.

Andrea

Hace algunos años, mi esposo y yo estábamos estudiando *Five Love Languages* (Idiomas del amor) de Gary Chapman. Escribimos un inventario para determinar las maneras en que preferíamos dar y recibir amor. El amor puede ser expresado con palabras, al servir o hacer cosas por el ser amado, al pasar tiempo con el ser amado, dar regalos y demostraciones físicas de afecto.

Aunque expresamos amor de las cinco maneras, el inventario permitía descubrir la forma principal en que cada persona da o recibe amor. Para mí, el principal lenguaje del amor es el servicio. Si quiero mostrarle a alguien que lo amo, hago algo por él. El servicio es la manera en que yo recibo el amor.

Mi hijo Matthew expresa su amor al dar goma de mascar, una pluma de ave, monedas, baratijas que encuentra de regreso a casa, o cualquier cosa que encuentra en su bolsillo. Le fascina que yo regrese de la tienda con un obsequio pequeño y económico, no porque quiera el regalo, sino porque el hecho demuestra amor.

Entender el lenguaje del amor de mi familia me ha ayudado a comunicar mi amor hacia ellos y apreciar sus expresiones de amor hacia mí. Sé que me aman, y ellos están seguros que los amo.

¿Qué relación tiene esto con el amor de Dios? La Biblia dice que Dios nos ama, pero ¿experimentamos el amor del Padre diariamente? ¿Reconocemos y entendemos el lenguaje de amor de Dios Padre?

Ponga una X sobre la línea para indicar cuánto cree que le ama Dios Padre.

No me ama nada   **Me ama totalmente**

Ahora ponga una X sobre la línea para indicar cuánto siente que le ama Dios el Padre.

No me ama nada   Me ama totalmente

¿Existe alguna diferencia entre lo que cree que es verdad y lo que siente que es verdad?

El lenguaje de amor del Padre

Tal vez su padre terrenal no supo demostrar su amor por usted. Puede ser que no haya comunicado su amor de una manera que usted lo entendiera. A diferencia de los padres terrenales, su Padre celestial comunica su amor por usted usando los 5 lenguajes del amor: a través de sus palabras, sus acciones, su tiempo y atención, sus regalos y, físicamente, por medio de Jesús: "Dios con nosotros" (Mateo 1.23). El Padre quiere que usted sepa, sin ninguna duda, cuánto le ama.

Las palabras del Padre

La palabra hebrea usada para describir el amor de Dios se ha traducido de diferentes maneras: misericordia, ternura, amor que no falla, bondad y gracia. Su Padre celestial demuestra el amor más alto y noble. Le ama con amor eterno.

Copie el versículo para memorizar de esta semana, Isaías 54.10, en el margen (véase pág. 21). Personalícelo sustituyendo la palabra *ti* con su propio nombre.

Las acciones del Padre

El rey David estaba totalmente convencido de que Dios lo amaba. Tenía este pensamiento continuamente en su mente. Pero ¿cómo podía estar David tan seguro? ¿Cómo podía saber con tanta seguridad que era amado por el Padre? Lea el versículo en el margen.

Para David era un hábito meditar sobre los actos de Dios. (Salmo 111.2). Vio el amor de Dios plasmado en todas las acciones de Dios. Según David, nadie podía proclamar todas las obras de Dios ni entender la extensión del amor del Padre. Pero el sabio "guardará estas cosas, y entenderá las misericordias de Jehová" (Salmo 107.43).

Identifique una gran obra de amor en su vida que demuestre el amor de Dios por usted. Escríbala en el siguiente renglón:

"Pero de día mandará Jehová su misericordia, y de noche su cántico estará conmigo" (Salmo 42.8).

El tiempo y la atención del Padre

Al hablar con algunos sobre su relación con los padres terrenales, casi todos comentaron sobre la ausencia o presencia de su padre, y la atención que este les prestó y el tiempo que les dedicó a ellos. Los comentarios iban desde: "Mi papá siempre estuvo presente", hasta "Mi papá estaba demasiado ocupado y casi nunca me prestó atención". Ellos consideraban la atención de su padre como una indicación de cuánto les quería. Su Padre celestial demuestra su amor al dedicarle tiempo y atención.

🦋 **A continuación, llene los espacios. Utilice su Biblia.**

El Padre está _____ **con usted. La toma de su** _____ **derecha (Salmo 73.23).**

En verdad, no se _____**, ni se** _____ **sino que siempre la guardará. (Salmo 121.3-4).**

Los regalos del Padre

Mi esposo se deleita en escoger regalos para nuestros hijos. Dedica una gran cantidad de tiempo a los departamentos de juguetes o deportes hasta encontrar el indicado.

🦋 **¿Alguna vez su padre terrenal le dio un regalo especial? Si fue así, escriba sobre ello en el margen.**

Jesús señaló que aun los padres que son pecadores tienen la habilidad de dar buenos regalos a sus hijos. Cuanto más, razonaba, dará nuestro perfecto Padre celestial buenos regalos a sus hijos (Mateo 7.11). David dijo: "Jehová dará también el bien" (Salmo 85.12).

Las expresiones físicas del amor del Padre

El aspecto físico es el último de los lenguajes del amor. Aunque el Padre no se encuentra con nosotros físicamente para podernos abrazar, su mayor demostración de amor es físico. Jesús, quien vino del Padre, "fue hecho carne y habitó entre nosotros" (Juan 1.14).

Jesús demostró el amor del Padre física y visiblemente para que conociéramos y creyéramos en el amor del Padre hacia nosotros (Juan 15.9; 17.23, 26). Algunos padres terrenales le niegan a sus hijos el afecto físico. Jesús no rehuyó la expresión física del amor (Lucas 7.38; Juan 13.25). Cuando Jesús les dijo a los discípulos que le trajeran a los niños, puso sus manos sobre ellos (Mateo 19.15). El Padre celestial muestra su deseo de abrazarnos tiernamente a través de su Hijo Jesús.

"Alabad a Jehová, porque él es bueno; porque para siempre es su misericordia. ¿Quién expresará las poderosas obras de Jehová? ¿Quién contará sus alabanzas?"
(Salmo 106.1-2).

"En esto consiste el amor: no en que nosotros hayamos amado a Dios, sino en que él nos amó a nosotros, y envió a su Hijo en propiciación por nuestros pecados" (1 Juan 4.10).

Crecer en el amor del Padre

Según David, la persona sabia crece al entender el gran amor de Dios. Lea Salmo 48.9. La meditación se refiere a un pensamiento continuo; darle vueltas a un tema en la mente.

🦋 **Haga el compromiso de crecer al entender el amor de Dios por usted. Tome algunos momentos para meditar en su amor.**

Día 2
Dimensiones de su amor

Mi padre por un lado disciplinaba y era estricto; por otro, era juguetón. De niña, nunca sabía cuál lado esperar. Me intimidaba su tamaño y su voz, pero a veces podía ser gracioso y cálido. Tal vez sea por eso que no sé qué esperar de Dios. Pienso que es estricto la mayor parte del tiempo. Necesito conocer más de su amor.

Betty

🦋 **¿Por qué cree que es tan difícil para todos aceptar que Dios nos ama?**

_____

¿Le es difícil aceptar el amor de Dios por usted? Si es así, ¿por qué?

_____

En 2 Tesalonicenses 3.5 el apóstol Pablo ora: "El Señor encamine vuestros corazones al amor de Dios". Encaminar significa "dirigir una cosa hacia un punto determinado". Dedique unos momentos a orar rogando al Señor que usted conozca y crea en el amor que el Padre le tiene.

Ayer aprendimos que Dios el Padre comunica su amor en varias formas. Hoy, examinaremos las dimensiones de su amor. La Biblia enseña que su amor es más grande de lo que podemos imaginar.

El amor del Padre es extraordinario

El amor del Padre es tan grande, y tan maravilloso, que los escritores de la Biblia tuvieron dificultad para encontrar palabras que lo describieran. En Efesios 3.14-21, Pablo dice que el amor de Dios es demasiado

> *"Y nosotros hemos conocido y creído el amor que Dios tiene para con nosotros. Dios es amor; y el que permanece en amor, permanece en Dios, y Dios en él. Nosotros le amamos a él, porque él nos amó primero" (1 Juan 4.16, 19).*

grande para poderlo apreciar o entender en su totalidad. Si Pablo estuviera escribiendo hoy, hubiera dicho: ¡Es lo máximo!

En este mismo pasaje Pablo oró para que los creyentes pudieran comprender "la anchura, la longitud, la profundidad y la altura" del amor de Dios para que pudieran ser "llenos de toda la plenitud de Dios" (Efesios 3.18-19). Ensanchar el entendimiento que tenemos del amor de Dios aumenta nuestra posibilidad de conocer, relacionarnos y ser llenos de Él.

 ¿Qué palabras usaron los siguientes autores de la Escritura para describir el amor del Padre?

Efesios 3.19 _____

Salmo 63.3 _____

1 Juan 4.10 _____

 ¿Algunas de estas descripciones le sorprenden? Escriba en el margen por qué.

El amor del Padre es confiable

David una y otra vez describe el amor del Padre como misericordia (Salmos 6.4; 13.5; 33.5; 36.7; 48.9; 90.14; 107.15; 130.7; 147.11). El amor (misericordia) de Dios "es para siempre" (Salmo 89.2). Los padres terrenales nos pueden desilusionar por su inconstancia y falta de confiabilidad. Su amor puede fallar.

 Lea Romanos 8.38-39. En la columna izquierda marque los factores que le pudieran separar del amor de su padre terrenal. En la columna de la derecha, marque lo que puede separarle del amor de Dios.

Padre terrenal	Padre celestial
❑ muerte	❑ muerte
❑ vida	❑ vida
❑ ángeles o demonios	❑ ángeles o demonios
❑ cosas presentes	❑ cosas presentes
❑ cosas futuras	❑ cosas futuras
❑ distancia	❑ distancia
❑ cualquier otra cosa	❑ cualquier otra cosa

De acuerdo con Romanos 8.38-39, todos los factores de la columna de la derecha deben estar en blanco. Su Padre celestial NUNCA le fallará.

❧ ¿Lo ha desilusionado alguna vez Dios el Padre?
❏ Sí   ❏ No   ❏ No estoy seguro

Según Romanos 8.38-39, ¿le ha fallado su amor?
❏ Sí   ❏ No   ❏ No estoy seguro

❧ De acuerdo con la Escritura, el amor del Padre nunca nos fallará. A la luz de esta verdad, ¿puede pensar en alguna otra razón por la cual esté desilusionado? Marque una o más.
___ No conocía toda la situación.
___ Culpé a Dios por las acciones de otro.
___ Estaba sintiendo las consecuencias de mi pecado.
___ Lo que yo quería tal vez no era lo mejor para mí.
___ Otra

"¿Hasta cuándo, Jehová? ¿Me olvidarás para siempre? ¿Hasta cuándo esconderás tu rostro de mí? ¿Hasta cuándo pondré consejos en mi alma, con tristezas en mi corazón cada día?" (Salmo 13.1-2).

En el Salmo 13, David se desespera debido a una oración aún no contestada. A pesar de sus preguntas, reconoce la confiabilidad del amor de Dios: "Mas yo en tu misericordia he confiado ... porque me ha hecho bien" (Salmo 13.5-6).

El amor del Padre es eterno

¿Cuánto dura la eternidad? David comparó lo eterno con "mientras duren el sol y la luna" (Salmo 72.5). Uno de mis hijos dijo alguna vez que eterno es "hasta que el desierto del Sahara se convierta en un bosque". Otro dijo: "Hasta que nuestro perro deje de ladrar en el patio".

❧ Usted, ¿con qué compara a la eternidad?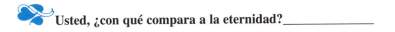

Cualquier comparación que haya escogido es más corta que la eternidad. David nos dice que es "desde la eternidad hasta la eternidad" (Salmos 103.17). El amor de Dios por usted se inició "antes de la fundación del mundo" (Efesios 1.4-5) y continuará a través de todas las generaciones de sus hijos y más allá.

"Porque dije: Para siempre será edificada misericordia; en los cielos mismos afirmarás tu verdad" (Salmo 89.2).

El amor del Padre es inmenso

Una vez recibí una estatua de porcelana con los brazos bien extendidos. En su pecho había una placa en forma de corazón que decía "Yo te amo así". Quien me la dio me amaba lo más que podía: la longitud entre los brazos de un ser humano no más de seis pies.

David nos hace una sugerencia práctica para medir el amor de Dios. Dijo que el mundo está lleno del amor de Dios (Salmo 119.64), y que su amor es tan alto como los cielos sobre la tierra (Salmos 36.5; 103.11). Si el amor de Dios llena la tierra cubriría 196,951,000 millas cuadradas.

Su amor pesa aproximadamente seis mil seicientos trillones (6,600,000,000,000,000,000,000) de toneladas, lo que pesa la masa terrestre.

¿Qué tan alto están los cielos? Si David se refería a la luna, la distancia de la tierra a la luna es de aproximadamente 250,000 millas. La distancia es igual a diez viajes alrededor del ecuador, o 220 millones de hombres adultos parados con los brazos extendidos dedo con dedo. La distancia al sol es 400 veces mayor.

David se imagina a su Creador extendiendo sus manos hacia la derecha y la izquierda, pasando todas la galaxias del universo, y diciéndote: "Te amo así". Claro está que las sugerencias de David son figuradas, no literales.

Pero al comparar el amor de Dios con nuestra capacidad humana de amar encontramos una verdad muy importante. El amor de Dios por usted es infinitamente mayor que el mejor y más devoto amor humano.

En una hoja en blanco dibuje dos círculos. Haga el primer círculo del tamaño que represente cuánto le ama la persona que es para usted más querida. Luego, basado en esta lección, haga el segundo círculo del tamaño que representa cuánto le ama Dios a usted. Traiga sus dibujos a la reunión del grupo. Esté preparado para mostrarlos.

Prodigada con Amor

El apóstol Juan exclama: "¡Mirad cuál amor nos ha dado el Padre! (1 Juan 3.1). Prodigar significa "dar libre y profusamente", una derrama extravagante. Pablo señala que de sus riquezas el Padre "derramó" su amor en nuestros corazones (Romanos 5.5).

Haga este ejercicio para visualizar cómo el Padre derrama su amor sobre usted. Ponga una taza vacía en el fregadero. Llene de agua la jarra más grande que tenga. Lentamente empiece a verter el agua en la taza hasta que quede vacía la jarra. Al servir, imagínese que usted es la taza vacía y el agua el amor de Dios.

"Por tanto, Jehová esperará para tener piedad de vosotros, y por tanto será exaltado teniendo de vosotros misericordia" (Isaías 30.18).

Día 3
Cualidades de su amor

Mi padre era un hombre muy áspero, no podía mostrar amor o afecto. No recuerdo días felices en mi niñez. Aprendimos lo que es la responsabilidad, el compromiso, la honestidad, la

autodisciplina, pero no la aceptación, la bondad, ni el perdón. Al paso de los años he luchado con la idea de que Dios el Padre es bondadoso, ya que no experimenté la bondad de mi propio padre.
Kathy

A muchas personas se les dificulta aceptar el amor de Dios, porque no creen que sea bondadoso ni tierno. Ser bondadoso es tener una inclinación a hacer el bien y ser amable en el trato. La ternura se relaciona con una actitud afectuosa y cariñosa. El amor de Dios se caracteriza por su bondad y su ternura.

"Mas alábese en esto el que se hubiere de alabar: en entenderme y conocerme, que yo soy Jehová, que hago misericordia, juicio y justicia en la tierra; porque estas cosas quiero, dice Jehová" (Jeremías 9.24).

¿Cuál de las siguientes afirmaciones señala con más claridad su percepción de Dios?
- ❏ bondadoso y tierno
- ❏ áspero y castigador
- ❏ un punto intermedio entre los dos anteriores

El Padre es bondadoso

Lo contrario de bondad es rudeza. Dios nos disciplina porque nos ama y no debemos nunca confundir esto con rudeza. Su disposición principal hacia nosotros es la bondad. Se "deleita" en su bondad. Pero también se deleita en el juicio y la justicia.

Job no entendió el carácter del Padre. Cuando pasó por pruebas, erróneamente concluyó que Dios estaba contra él. Vio a Dios como un juez punitivo esperando que alguien hiciera lo malo para desatar su furia contra esa persona. Job llegó a insinuar que al Padre le agradaba oprimir a los que eran justos (Job 10.3,13-17). Al final, Job descubrió que había malinterpretado totalmente el carácter de Dios (Job 42.1-6).

Jonás, en contraste con Job, estaba bien consciente de la bondad de Dios. Jonás odiaba a la gente de Nínive y quería que Dios los castigara por su maldad. Por eso huyó. Sabía que si los de Nínive mostraban el más ligero arrepentimiento, Dios los perdonaría rápidamente.

"Por eso me apresuré a huir a Tarsis; porque sabía yo que tú eres Dios clemente y piadoso, tardo en enojarte y de grande misericordia, y que te arrepientes del mal" (Jonás 4.2).

¿Cómo se siente cuando ve que Dios bendice a alguien que le disgusta o que siente que lo ha lastimado? Encierre en un círculo las palabras que se aplican a sus sentimientos:

enojado	contento	satisfecho
triste	desanimado	complacido
deseos de venganza	desilusionado	

Después que obtuve mi licencia para conducir, fui a comprar. Cuando salí de la tienda, se habían estacionado dos autos muy cerca del mío. No tenía la habilidad suficiente para maniobrar y salirme del estacionamiento. Abollé la puerta de la camioneta y le di un tremendo raspón. Por suerte, a los otros carros no les pasó nada.

Cuando le mostré el daño a mi papá, lloré diciendo: "¡Mira como quedó!" Sentí que merecía un castigo por lo que había hecho.

Pero mi papá sonrió y me abrazó diciendo: "Pues parece que la tendré que enderezar otra vez". Su comportamiento conmigo fue amable, porque es un hombre bondadoso. Dios el Padre es bondadoso. Si usted tuerce algo, Él está dispuesto y ansioso por enderezarlo.

❦ **De acuerdo con Romanos 2.4, ¿qué lleva a las personas al arrepentimiento? Marque la respuesta.**
- ❏ el poder de Dios
- ❏ señales y prodigios
- ❏ la doctrina correcta
- ❏ temor al juicio
- ❏ verdad
- ❏ la bondad del Padre

Aunque los factores anteriores llevan a las personas al arrepentimiento, Pablo dice que casi siempre es en respuesta a la bondad del Padre.

El Padre es tierno

❦ **Lea 1 Reyes 19.11,12. En este pasaje Elías experimentó la presencia del Padre. ¿De qué manera se reveló el Padre?**
- ❏ un viento poderoso
- ❏ un terremoto
- ❏ un fuego
- ❏ un silbo apacible y delicado

El Padre es tierno en su forma de ser. De acuerdo con este pasaje, Dios no estaba en el viento, ni en el terremoto, ni en el fuego, aunque ciertamente podría haber estado. En cambio, Dios escogió revelarse a Elías en un silbo apacible. El Padre actúa con suavidad.

Un hermoso pasaje que demuestra la ternura del Padre hacia sus hijos se encuentra en Oseas 11.1,3-4. Léalo en el margen.

¡Qué cuadro tan asombroso del corazón del Padre! El Padre le toma suavemente por sus brazos y le enseña a caminar. Le sana, le abraza, le quita sus cargas y le alimenta. Cuida de usted, aunque usted no se dé cuenta de que Él es el proveedor. ¿Por qué? Porque le ama.

❦ **Si, como Job, su percepción del carácter de Dios en este sentido está equivocada, háblele de sus sentimientos. Pídale que le revele su naturaleza bondadosa y tierna.**

Día 4
La presencia del Padre

Cuando papá trabajaba en casa, dejaba ligeramente abierta la

"Cuando Israel era muchacho, yo lo amé, y de Egipto llamé a mi hijo...Yo con todo eso enseñaba a andar al mismo Efraín, tomándole de los brazos; y no conoció que yo le cuidaba. Con cuerdas humanas los atraje, con cuerdas de amor; y fui para ellos como los que alzan el yugo de sobre su cerviz, y puse delante de ellos la comida" (Oseas 11.1,3-4).

"¿A dónde me iré de tu Espíritu? ¿Y a dónde huiré de tu presencia? Si subiere a los cielos, allí estás tú; y si en el Seol hiciere mi estrado, he aquí allí tú estás. Si tomare las alas del alba y habitare en el extremo del mar, aun allí me guiará tu mano, y me asirá tu diestra" (Salmo 139.7-10).

puerta de su oficina. Yo me paraba cerca de la puerta entreabierta y me asomaba sin quererlo molestar. De alguna manera papá sabía cuándo yo me encontraba allí. Sin mirar hacia arriba, decía: "¡Hola, Princesa!" Luego se quitaba los lentes y me señalaba que me acercara. Yo entraba, cerraba la puerta y corría a sus brazos abiertos. Papá me preguntaba: "¿Cómo te trata el mundo hoy?" Siempre escuchaba con interés, dándome toda su atención. ¡Imagínese! El Dios del universo se quiere relacionar conmigo igual que mi papá. Este pensamiento me sobrecoge.

Arianna

Recientemente, Ester vino a tomar café conmigo. Su hija Emma, de dos años, estaba jugando. Yo comenté que me agradaba ver cómo Emma aprendía cosas nuevas. Una sombra pasó por la cara de Ester mientras quiso esconder las lágrimas. Con añoranza, dijo: "Me gustaría que su padre pensara lo mismo. No la ha visto en más de un año y ni siquiera pregunta por ella".

¡Qué triste! Instintivamente sabemos que no es correcto el abandono del padre y que no participe en la vida de su propia hija. Un padre debe estar presente. Un padre debe poner atención.

En su vida ¿siente que Dios el Padre está presente y cerca, o siente que está apartado y distante? Ponga una X en la línea para marcar cómo percibe su presencia

Presente y cerca   **Apartado y distante**

Dios prometió estar con nosotros. "Y os tomaré por mi pueblo y seré vuestro Dios", le dijo al pueblo de Israel (Éxodo 6.7; 29.45-46). "Mi presencia irá contigo, y te daré descanso" (Éxodo 33.14).

Moisés enseñó que la presencia de Dios era el sello que distinguía al pueblo de Dios de las demás naciones de la tierra (Éxodo 33.14-15 Deuteronomio 4.7).

La presencia de Dios se mostraba en la columna de nube y de fuego que guió a los israelitas por el desierto. De acuerdo con Éxodo 13.22 el Padre siempre estaba allí.

Después Dios mandó a Moisés que construyera un tabernáculo como una morada transportable de su presencia (Éxodo 25.8). Se llamaba también "tabernáculo de reunión" (Éxodo 27.21), porque era el lugar donde Dios se encontraba con el hombre. La presencia de Dios era visible para el pueblo de Israel "en todas sus jornadas" (Éxodo 40.38).

Después, cuando el rey Salomón construyó el templo permanente, la presencia de Dios lo llenó en forma de una nube (1 Reyes 8.10). Salomón había edificado el magnífico templo como un lugar donde

"Habitaré y andaré entre ellos, y seré su Dios y ellos serán mi pueblo...Y seré para vosotros por Padre, y vosotros me seréis hijos e hijas, dice el Señor Todopoderoso"
(2 Corintios 6.16, 18).

Dios habitaría para siempre (1 Reyes 8.13).

En los tiempos del Antiguo Testamento el Padre estaba presente ante su pueblo de una manera visible. Pero el libro a los Hebreos nos enseña que el tabernáculo, el templo y todos los artefactos y costumbres eran solo sombras de las cosas buenas por venir (Hebreos 9; 10). Señalaban hacia el tiempo cuando la promesa del Padre respecto de su presencia se cumpliría de una manera mejor. Lea 2 Corintios 6.16,18 en el margen.

La promesa del Padre se cumplió a través de su Hijo Jesús, llamado también Emanuel, que significa "Dios con nosotros" (Mateo 1.23). Se cumplió también a través del don que nos dio el Padre, el Espíritu Santo (Juan 14.16). El Espíritu es la presencia de Dios en nuestros corazones (Gálatas 4.6).

Dios vive:
❑ en templos hechos de mano ❑ en el cielo
❑ en Jerusalén ❑ en ningún lado
❑ en cada corazón creyente

Los siguientes miembros de la Trinidad viven en cada creyente:
❑ El Espíritu de Dios ❑ El Hijo de Dios
❑ Dios el Padre ❑ Las tres Personas

Dios no es un Padre ausente.

Dios no es un Padre ausente. No va a la oficina y se olvida de usted. No hace viajes largos. No sale sin jamás regresar. El Padre siempre está con usted. Su presencia se confirma por el Hijo y el Espíritu que viven dentro de usted.

El Padre promete estar siempre con usted (Deuteronomio 31.8; Hebreos 13.5). Haga la promesa personal llenando con su nombre los espacios en estos versículos.

"Sé fuerte y valiente: Yo iré con ____; Nunca abandonaré a ____;

nunca desampararé a _____."

Bienvenido a la cercanía del Padre

La realidad de la presencia del Padre —así como su amor por nosotros— es un concepto difícil de entender. El estudio de hoy empezó con Salmo 139.7-10. En Salmo 139.1-6, David reflexiona sobre la realidad de la presencia de Dios.

"Tu misericordia está delante de mis ojos"
(Salmo 26.3).

Cierre sus ojos e imagínese que Dios está al lado suyo. Encierre en un círculo las palabras que describen cómo se siente respecto de la cercanía del Padre.

incómodo   le da la bienvenida   indiferente
feliz   seguro   espantado
intimidado   en paz   indigno

La manera en que se siente respecto a la cercanía del Padre refleja su experiencia con su padre terrenal. Si él estuvo presente emocional y físicamente, es probable que reciba el consuelo de un Padre celestial siempre presente. Si fue distante puede incomodarle la cercanía del Padre.

Para terminar la lección de hoy lea Santiago 4.8, reconozca la presencia del Padre y dígale que le gustaría acercarse más a Él.

"Acercaos a Dios, y él se acercará a vosotros" (Santiago 4.8).

Día 5
Amistad con el Padre

Al ir creciendo sentía que mi padre en realidad no se interesaba mucho en mí. Estaba allí, pero en realidad no estaba. Sé que me ama. Pero siento que no lo conozco. Nuestra relación es muy superficial. Es mi padre, pero no es un amigo cercano.
Mi relación con Dios el Padre es igual. Sé que se preocupa por mí, pero a decir verdad, no estoy convencida de que se interese por mí. No puedo decir que siento que mi Padre sea mi amigo cercano.

Lynn

Adán y Eva, sin pecado, eran amigos del Padre. (Génesis 3.8). Cuando Adán y Eva pecaron, la comunión con Dios se rompió. El hombre pecador no podía estar en la presencia de un Dios Santo. Tampoco a Moisés se le permitió ver el rostro de Dios, (Éxodo 33.19-21).

A pesar de la barrera del pecado, el corazón del Padre aún se inclina hacia la amistad. El Señor le habló a Moisés "como habla cualquiera a su compañera" (Éxodo 33.11). Llamó a Abraham "amigo" (Isaías 41.8; Santiago 2.23). El rey Salomón lo reconoció como el que era "más unido que un hermano" (Proverbios 18.24), y los hijos de Israel lo llamaban "Padre mío, guiador de mi juventud" (Jeremías 3.4).

Jesús es la evidencia de que el Padre quiere la amistad de sus hijos. Él llamó a sus discípulos "amigos". Los líderes religiosos lo llamaban en forma sarcástica "amigo de pecadores" para criticar su relación con los socialmente inaceptables (Lucas 7.34). Jesús puso su vida por sus amigos (Juan 15.9-15) para que pudiéramos ser amigos de su Padre.

La amistad con Dios no es como la amistad humana. No somos iguales a Dios. El Padre quiere que seamos sus amigos, pero nuestra amistad con Él se desarrolla conforme a sus condiciones.

"Y se cumplió la Escritura que dice: Abraham creyó a Dios, y le fue contado por justicia, y fue llamado amigo de Dios" (Santiago 2.23).

"Vosotros sois mis amigos, si hacéis lo que yo os mando" (Juan 15.14).

 Lea Juan 15.14 en el margen. ¿Cuál es la condición para la amistad con Dios? Escríbala en el margen.

El Padre es compasivo

Todavía puedo ver a mi hijo de cuatro años tratando de amarrarse los zapatos. Sus dedos regordetes no podían acomodar las agujetas. Al verlo de lejos, me movió la compasión cuando finalmente se tiró al suelo llorando por la frustración y el enojo. El Salmo 103.13-14 dice que el Padre se compadece de la misma manera.

Los que le "temen" son aquellos que le muestran reverencia y respeto. ¿Ha considerado alguna vez que el Padre se compadece de usted? Él lo ve y sabe que no es lo suficientemente grande para la labor que tiene por delante, y está presente ofreciéndole su ayuda.

"Por tanto, Jehová esperará para tener piedad de vosotros, y por tanto, será exaltado teniendo de vosotros misericordia" (Isaías 30.18).

 Lea Isaías 30.18. Marque las aseveraciones correctas.

❑ El Padre tiene sentimientos tiernos hacia usted.
❑ Al Padre le preocupa lo que pasa en su vida.
❑ El Padre quiere relacionarse con su vida.
❑ El Padre le muestra compasión cuando lo ve.

Espero que haya marcado todas las aseveraciones.

En la escuela primaria, cuando quería recordar algo muy importante, lo escribía en la palma de mi mano con tinta. La inscripción estaba siempre delante de mí. Tenía que recordarlo.

El Padre le dice a usted: "He aquí que en las palmas de las manos te tengo esculpida; delante de mí están siempre tus muros" (Isaías 49.16). Está en sus pensamientos y en su corazón. Para Él, usted es definitivamente importante. Está siempre delante de Él.

Estamos esculpidos en la palma de su mano.

 Escriba Isaías 49.16 en un papel y llévelo en su bolsa. Cada vez que lo vea, piense que usted está esculpido en las manos del Padre.

El Padre se relaciona

Esta semana hemos explorado las características del corazón del Padre. El Padre le ama. Es bondadoso y tierno. Él está siempre con usted. Quiere ser su amigo. Quiere tener una relación personal con usted.

 Haga la siguiente oración basada en Efesios 1.17-18:

"Querido Dios, dame el Espíritu de sabiduría y revelación, para que te pueda conocer mejor. Alumbra los ojos de mi corazón. Lléname de esperanza. Ayúdame a acercarme a ti. Quiero ser tu amigo/a. Amén".

Semana 3
El padre se dedica a usted

Resumen de la Semana 3
Esta semana usted podrá:
- identificar lo que deleita al Padre;
- describir la fidelidad del Padre hacia usted;
- determinar el propósito de la dirección del Padre;
- escoger aceptar la corrección del Padre;
- explicar por qué el Padre es paciente.

Por la devoción que Dios, como Padre celestial, muestra hacia usted, sabemos que Él es confiable. Le dirige y corrige con paciencia y perdón. Pero sobre todo, nunca lo olvidará ni lo desamparará. Usted es el deleite de su corazón.

En su libro *Daddy Loves His Girls*, T.D. Jakes dice: "Tristemente, estamos en tiempos en que el papel del padre ha sido tan mutilado que hemos perdido la realidad de la revelación sobre la anchura y la profundidad del corazón del Padre. ¿Cómo puede ofenderse un hijo que ha visto la gran sonrisa en el rostro curtido de un padre compasivo, cuyo mayor gozo es verlo tener éxito?"

"Un buen padre es el más grande admirador de sus hijos, una fuente que los protege del insulto y la adversidad".

Esta semana exploraremos las formas en que Dios busca mostrar su devoción a sus hijos. Al leer, imagínese un Dios sonriente que le anima, que alumbra sus caminos, y le dirige hacia el hogar con paciencia y orgullo. Él es su admirador más grande y más leal.

Versículo para memorizar
"*Jehová está en medio de ti, poderoso, él salvará; se gozará sobre ti con alegría, callará de amor, se regocijará sobre ti con cánticos*" (Sofonías 3.17).

Lecciones de esta semana
Día 1: El Padre se deleita en usted
Día 2: El Padre es confiable
Día 3: El Padre guía
Día 4: El Padre corrige
Día 5: El Padre es paciente y perdona

En la casa de mi Padre

Día 1
El Padre se deleita en usted

"¿Qué, pues, diremos a esto? Si Dios es por nosotros, ¿quién contra nosotros?" (Romanos 8.31).

Para mi esposo David, nuestra hija Amanda es un absoluto deleite. Espera con ansia el regreso a casa del trabajo para abrazarla, hacerle caballito, o jugar con ella en el suelo. El sentimiento es mutuo. Toda la tarde ella pregunta: "¿Cuándo llega papá?" Cuando oye que el auto llega, corre hacia la puerta gritando de alegría.

Yo no tuve una gran relación con mi padre. Tampoco he desarrollado mucha relación con mi Padre celestial. Pero observar a David con nuestra pequeña hija me ha ayudado a entender más sobre la paternidad de Dios. Su relación me ha ayudado a esperar que el corazón del Padre celestial sea de la misma manera conmigo.

Darlene

Recuerde el versículo para memorizar de esta semana. ¡Qué hermoso cuadro del corazón paternal de Dios! Cuando leo este versículo, me imagino un padre cargando a su pequeñín a medianoche, meciéndolo y consolándolo con suaves y tiernas canciones de amor para que se vuelva a dormir.

Personalice el versículo para memorizar de esta semana, escribiendo su nombre en los espacios en blanco.

    Jehová estará en medio de _____ **poderoso.**

    Se gozará sobre _____ **con alegría.**

    Se regocijará sobre _____ **con cánticos.**

Las lecciones reflejadas en este versículo son profundas:
- El Padre está con usted, no importa cuán oscura sea la noche o cuán grande el problema.
- Él es poderoso, alguien en quien se puede confiar y sentirse seguro.
- Él lo salvará, protegiéndolo y librándolo del maligno.
- Él se deleitará en usted, el orgullo y el gozo de su corazón.
- Él lo calmará, aliviando sus temores, dándole confianza y paz.
- Él expresa su gozo con suaves cantos de amor.

Recuerde cómo se sintió Dios después de crear a los primeros humanos (Génesis 1.31). Estaba muy contento con su obra. Dios se deleita en su Hijo Jesús: (Isaías 42.1). En el bautismo de Jesús, el Padre con orgullo habló desde el cielo diciendo: "Este es mi Hijo amado, en quien tengo complacencia" (Mateo 3.17).

Aunque Dios se deleita en lo que somos, no siempre se deleita en lo que hacemos. No se agradó de la apariencia externa de religiosidad del rey Saúl (1 Samuel 15.22); tampoco se deleita en aquellos que hacen lo malo (Malaquías 2.17). Sin embargo, no tenemos que ser perfectos para que Él se deleite en nosotros. Se complace en nosotros cada vez que nuestros corazones se inclinan hacia la obediencia (1 Samuel 15.22).

La siguiente lista menciona algunas de las actitudes y acciones que deleitan al Padre. Marque (las que usted persiga desarrollar.
- ❏ **obedecer su voz (1 Samuel 15.22)**
- ❏ **tener un corazón contrito y humillado (Salmo 51.16-17)**
- ❏ **tener un camino perfecto (Proverbios 11.20)**
- ❏ **decir la verdad (Proverbios 12.22)**
- ❏ **orar con el corazón recto (Proverbios 15.8)**

Ojalá haya podido marcar una o más de las actitudes y acciones que deleitan a Dios.

Basada en su respuesta, ¿cree que el Padre se deleita en usted?
- ❏ **Sí**   ❏ **No**   ❏ **No estoy seguro**

¿Se siente cómodo con la idea de que el Padre se deleita en usted?
- ❏ **Sí**   ❏ **No**   ❏ **No estoy seguro**

Explique su respuesta en el margen.

El Padre se deleita en sus hijos por lo que son, no por alguna virtud o grandeza que exista en ellos, sino por su gran amor y fidelidad. Desea deleitarse en todo lo que hacen también.

Su mayor admirador

El invierno pasado, mi hijo Mateo jugó en un equipo de hockey llamado "Green Gators". Una mamá muy entusiasta entrenó a los demás padres para ser buenos animadores. Movíamos pompones verdes y oro, golpeábamos el piso con los pies, gritábamos, hacíamos la ola y hacíamos el "Gator Snap".

Aunque yo era de los Gators, Mateo era el objeto de mi atención. Mis ojos lo seguían cuando patinaba en el hielo. Mi corazón se helaba cuando caía y se quedaba inmóvil en el hielo por unos instantes.

Yo soy la admiradora número uno de Mateo. También de Clark y de Jonathan. Tal vez no lleguen a las grandes ligas, pero son absolutamente los mejores en mi opinión. El Padre es su admirador número uno. Sus ojos están continuamente sobre aquellos cuyos corazones son perfectos para con Él (2 Crónicas 16.9). Está feliz cuando hace usted su mejor esfuerzo. Su corazón se contrae cuando cae. Lo anima y ayuda a regresar al juego.

En realidad es su "especial tesoro" (Malaquías 3.17).

En el siguiente versículo encierre en un círculo la frase que describa el tipo de tesoro que usted es para Dios:

"Y serás corona de gloria en la mano de Jehová, y diadema de reino en la mano del Dios tuyo" (Isaías 62.3)

"Corona de gloria" y "diadema" se refieren a la joya más significativa que poseía un monarca. Se dice que la corona no tenía precio y era el tesoro más preciado de un rey.

Después de proclamar que sus hijos son su corona, Dios continúa: "Serás llamada Hefzi-bá (mi deleite está en ella)...porque el amor de Jehová estará en ti...como el gozo del esposo con la esposa, así se gozará contigo el Dios tuyo" (Isaías 62.4-5).

El Padre sin duda está "por" usted. Y si Dios está "por" usted ¿quién puede estar en contra suya (Romanos 8.31)? Cuando nuestros padres terrenales son nuestros más grandes admiradores, tenemos confianza para levantar nuestras alas y volar más alto debido a su apoyo. De manera similar, cuando sentimos el apoyo de Dios, tenemos confianza para vivir una vida que le sea agradable.

¿Cree que su Padre celestial está por usted? ¿Este conocimiento aumenta su confianza? Termine la lección de hoy dándole gracias a Dios porque se deleita en usted. Agradézcale su apoyo y aliento. Pídale al Padre que le ayude a sentir su contentamiento brillando sobre usted.

Día 2
El Padre es confiable

"Si fuéremos infieles, él permanece fiel; él no puede negarse a sí mismo" (2 Timoteo 2.13).

Mi padre era muy impredecible. Si yo tiraba un vaso de leche, él podía reír y hacer bromas o darme una paliza. Nunca estaba segura de cómo iba a reaccionar. Cuando papá entraba por la puerta cesaba todo juego o conversación mientras tratábamos de adivinar su estado de ánimo. Me sentía muy insegura y tímida en su presencia: Quería agradarlo y ganar su aprobación pero no sabía cómo hacerlo.

Soy muy tímida al acercarme a Dios el Padre. Siento que si ando de puntillas y no hago nada demasiado malo puedo tenerlo contento. No estoy segura. Sospecho que de todas maneras se puede enojar conmigo.

Dori

Nuestro hijo mayor Clark nos ha pedido a Brent y a mí que le compremos una super computadora de alta velocidad. Se nos acerca cuando estamos preocupados con otras cosas, a la mitad de una conversación o en el teléfono. Nos enseña un recorte o descripción de la computadora de sus sueños y susurra: "¿Me la compran?"

Ayer me enojé y le pregunté a Clark por qué nos molestaba de esta forma en lugar de esperar el momento oportuno para hablar. Él sonrió y dijo: "Esperaba tomarlos en un momento de debilidad para que dijeran que sí. Una vez que dijeran que sí, tendrían que hacerlo, ustedes siempre cumplen su palabra".

Clark quería obligar a su papá y a mí a decir que sí, porque tenía la confianza de que cumpliríamos si fuera humanamente posible.

Ser fiel significa cumplir lo que se promete; ser digno de confianza, seguro, firme, cierto. Significa ser predecible en un mundo impredecible. Los que son dignos de confianza son consecuentes en su carácter y fieles a lo que dicen que van a hacer.

Ningún humano es totalmente digno de confianza. En algún momento, aun aquellos que nos aman más nos desilusionan. Solo hay Un Amigo totalmente digno de confianza.

 Vuelva a leer la definición de fidelidad. ¿A quién considera la persona más fiel en su vida?

_____

Explique el porqué de su elección:

_____

¿Siente que Dios el Padre es fiel hacia usted? Marque con una X sobre la línea para indicar lo que siente.

Totalmente fiel hacia mí   **Nada fiel hacia mí**

Padre fiel

Anhelamos tener en nuestra vida alguien en quien confiar. Si una persona importante en su vida le ha sido infiel, quizá luche con el temor al rechazo, el dolor, la humillación, la ansiedad y sentimientos de

"Porque todas las promesas de Dios son en él Sí, y en él Amén, por medio de nosotros, para la gloria de Dios" (2 Corintios 1.20).

inferioridad. La infidelidad propicia inseguridad emocional. La fidelidad, por otro lado, fomenta seguridad, confianza, permiso de fallar y la habilidad para ser vulnerable ante otros.

La fidelidad es una de las principales características del Padre. Él se reveló a Moisés como el "Dios fiel" que guarda sus promesas de amor (Deuteronomio 7.9). Pablo recordó a los primeros creyentes esta característica de Dios. (1 Corintios 1.9; 1 Tesalonicenses 5.24).

En el Padre "no hay mudanza, ni sombra de variación" (Santiago 1.17). Su carácter es totalmente estable (Salmo 102.25-27). No es como el papá de Dori, un día de un modo y otro de otro. Su fidelidad no la alteran los cambios de humor o las circunstancias. Su fidelidad es "grande" (Lamentaciones 3.23), "alcanza hasta las nubes" (Salmo 36.5). El padre es siempre fiel (Salmo 119.90).

Según Pablo, es imposible que el Padre no cumpla sus promesas. El Padre es fiel porque es Dios.

De acuerdo con 2 Timoteo 2.13, ¿es posible que los humanos sean infieles, inconstantes y faltos de confianza?
❏ Sí ❏ No

¿Es esto posible para el Padre? ❏ Sí ❏ No

Anote por lo menos un ejemplo de la fidelidad de Dios en su vida.

Fiel y justo

Si consideramos la fidelidad de Dios sin considerar su justicia veríamos solo una cara de la moneda. Si Dios no fuera justo, no podría ser un amigo fiel.

Hace unos meses, mi esposo y yo compramos la membresía de un gimnasio para uno de nuestros hijos. El más pequeño protestó por considerar nuestra decisión injusta. Pero su percepción de la justicia difiere de la nuestra. Nosotros somos los padres, él es el hijo. Nosotros tomamos las decisiones basándonos en factores que él no puede apreciar.

Pagamos el tratamiento de ortodoncia de uno de nuestros hijos, pero no todos nuestros hijos necesitaron frenos. Compramos cuchillas nuevas para los patines de uno de ellos, y de segunda mano para otro. Uno tiene que pintar la reja; el otro trabaja en la oficina.

Amamos a nuestros hijos por igual. Sin embargo, actuamos de manera diferente con ellos, según su edad, su personalidad, ciertos rasgos en su carácter que deben desarrollar, y muchos otros factores. Es probable que no siempre seamos justos, porque tenemos limitaciones humanas. Pero nuestro anhelo es serlo.

Justicia significa dar a cada quien lo que le corresponde, pero también es sinónimo de rectitud. Significa actuar de acuerdo a lo que es correcto, (Deuteronomio 32.4).

🕊 **Lea Salmo 97.2 en el margen. ¿Cuáles son las dos características de Dios que forman el cimiento de su trono?**

"Justicia y juicio son el cimiento de su trono" (Salmo 97.2).

_____

Un cimiento es la base sobre la cual descansa la estructura. Dios gobierna como Rey porque es recto y sin error en sus juicios. La justicia estaría incompleta sin la correlación del juicio.

¿Alguna vez ha pensado que el Padre es injusto? ¿Ha pensado por qué no castiga a aquellos que lo han dañado? ¿Por qué otros son más talentosos que usted? ¿Por qué parece ser que algunos tienen más y mejores dones que usted? ¿Se ha preguntado por qué sana a algunos y a otros no? ¿Alguna vez ha exclamado: "Padre, no es justo"?

Yo sí lo he hecho y no sé la respuesta a estas preguntas. Pero sé que así como mi percepción de la justicia es más perfecta que la de mis hijos, así la percepción de la justicia del Padre es más perfecta que la mía. La justicia humana es tan inferior a la del Padre que Salomón decía: "Ciertamente no hay hombre justo en la tierra, que haga el bien y nunca peque" (Eclesiastés 7.20).

David dijo que los juicios de Dios son como un "abismo grande" (Salmo 36.6). Esta analogía es pertinente porque los procedimientos de Dios son demasiado profundos para que los podamos comprender. No siempre sabremos "por qué" pero sabemos que el Padre es fiel y justo.

🕊 **Marque las siguientes afirmaciones tomadas de la palabra de Dios que representen sus sentimientos acerca de la fidelidad del Padre.**

___ Me has amado con amor eterno (Jeremías 31.3).

___ Tienes planes para mi bienestar que me dan esperanza y un futuro seguro (Jeremías 29.11).

___ Tus caminos son buenos, rectos y justos. Soy bienaventurado mientras espero que tú cumplas tus promesas (Isaías 30.18).

___ Puedo asirme sin reservas de la esperanza que tengo en ti. Tu has prometido, y no me vas a defraudar (Hebreos 10.23).

Día 3
El Padre guía

"Muéstrame, oh Jehová, tus caminos; enséñame tus sendas. Encamíname en tu verdad, y enséñame, porque tú eres el Dios de mi salvación; en ti he esperado todo el día" (Salmo 25.4-5).

Mi padre murió hace dos años. Extraño el poder hablarle por teléfono para pedir su consejo. Sus consejos siempre fueron considerados, sabios y desafiantes. Algunas veces me reprochaba

> "Oíd, hijos, la enseñanza de un padre, y estad atentos, para que conozcáis cordura. Porque os doy buena enseñanza; no desamparéis mi ley. Porque yo también fui hijo de mi padre, delicado y único delante de mi madre. Y él me enseñaba, y me decía: Retenga tu corazón mis razones, guarda mis mandamientos, y vivirás. Adquiere sabiduría, adquiere inteligencia; no te olvides ni te apartes de las razones de mi boca...Oye, hijo mío, y recibe mis razones, y se te multiplicarán años de vida. Por el camino de la sabiduría te he encaminado, y por veredas derechas te he hecho andar. Cuando anduvieres, no se te estrecharán tus pasos, y si corrieres, no tropezarás. Retén el consejo, no lo dejes; guárdalo porque eso es tu vida...Hijo mío, está atento a mis palabras; inclina tu oído a mis razones. No se aparten de tus ojos; guárdalas en medio de tu corazón; porque son vida a los que las hallan, y medicina a todo su cuerpo"
> (Proverbios 4.1-5,10-13,20-22).

o regañaba, pero siempre lo hacía con amor. Podía revelarle todos mis enredos y desilusiones. Sus consejos siempre me aportaban otra perspectiva, claridad y esperanza. No siempre puedo oír a Dios con la misma claridad con la que oía a mi padre, pero sé que si la dirección de mi padre fue tan importante para mí, la de mi Padre celestial será aún mejor.

Michelle

El papel del padre en la dirección de los hijos es muy importante. Un padre responsable busca educar a sus hijos para que puedan encontrar significado, dirección y propósito para sus vidas. Fomenta los talentos y las habilidades de sus hijos, proveyendo una buena educación y orientación vocacional.

Le pregunté a mi amigo Robert sobre su papel en la dirección de la vida de su hija. Esto es lo que me dijo: "La estoy preparando para que sea esposa, pero yo no soy el esposo. La estoy preparando para ser madre, pero yo no soy ni el esposo ni el hijo. La estoy preparando para que sea una mujer piadosa, pero yo no soy mujer. ¿Cómo la estoy preparando? Siendo un hombre de integridad y de amor en su vida; estoy tratando de ser el hombre contra el cual ella pueda evaluar el carácter de otros hombres que han de venir".

Me pareció fascinante la respuesta de Robert. Su atención se enfoca en su responsabilidad para guiar y preparar a su hija para el futuro. Capacitar a su hija para ser una mujer piadosa está en el centro de su amor por ella.

Un buen padre dirige a sus hijos hacia un lugar de madurez e integridad. Un buen padre no se contenta con que sus hijos permanezcan en su presente nivel de madurez. Los reta a alcanzar lo que pueden ser. Siempre tiene un ojo en el futuro.

En el margen, lea las palabras del rey Salomón a sus hijos. Resuma en sus propias palabras por qué debemos seguir las enseñanzas de Salomón.

_____

_____

Salomón guió a sus hijos en el camino de la sabiduría. Se puede confiar en que un padre piadoso dará buenos consejos. Algunas veces, los consejos de nuestros padres nos llevan al pecado y a alejarnos de Dios. Otras veces, nuestros padres solo están equivocados en su apreciación de nuestra situación. ¡Son solo humanos! Dios es el Padre perfecto. Y como Padre perfecto enseña y dirige a sus hijos de manera perfecta.

Dios quiere que se sienta a gusto al pedir su dirección. Dios no echa mano de argucias personales, ni es tendencioso, ni le falta información, factores todos estos que pudieran mostrarle una dirección contraria al bienestar de usted. Él conoce su situación. Así que, buscar su consejo no es sólo una buena idea sino que es esencial para su bienestar.

El Padre dirige con un corazón de amor, y espera que sus hijos lo sigan con obediencia. Cuando los hijos de Israel no siguieron la dirección del Padre, Él lo lamentó.

🍀 **Lea los versículos de Isaías que están en el margen que ilustran la dirección del Padre. Subraye todas las promesas que hace el Padre con referencia a los resultados de seguir su dirección. En el siguiente espacio anote la promesa que es más importante para usted.**

_____

El rey David dijo, "Guíame por la senda de tus mandamientos, porque en ella tengo mi voluntad" (Salmo 119.35). ¿Se deleita en el camino del Señor? ¿Le gusta pedir y oír su consejo?

🍀 **Marque algunas razones por las que titubea para buscar la dirección de Dios**
- ❏ Necedad
- ❏ demasiada confianza en sí mismo
- ❏ falta de confianza
- ❏ distracciones
- ❏ ¿otras?

Determine ahora lo que debe hacer para quitar estas barreras. Ore usando Salmo 25.4-5 que está al principio de esta lección.

Día 4
El Padre corrige

Aunque muchas veces reímos y jugamos juntos, mi padre tenía expectativas claras sobre mi comportamiento. Yo lo respetaba y lo obedecía. Un día mi padre me llamó la atención debido a una envoltura pegajosa que cayó de mi bolsa. Confesé que había robado un chocolate de la tienda de la esquina. Nunca se me olvidará la desilusión en su rostro. Me tomó de la mano y fuimos caminando a la tienda. Después de que me disculpé con el dueño, mi papá y él decidieron que debía lavar los anaqueles como disciplina. Me tardé dos días pero fue una lección inolvidable. Sabía que papá me corregía porque me amaba. La corrección, aunque a veces duele, de hecho me evitó dolor a largo plazo.

Anya

"Y guiaré a los ciegos por camino que no sabían, les haré andar por sendas que no habían conocido; delante de ellos cambiaré las tinieblas en luz, y lo escabroso en llanura. Estas cosas les haré, y no los desampararé" (Isaías 42.16).

"En los caminos serán apacentados, y en todas las alturas tendrán sus pastos. No tendrán hambre ni sed, ni el calor ni el sol los afligirá; porque el que tiene de ellos misericordia los guiará, y los conducirá a manantiales de aguas" (Isaías 49.9-10).

"Jehová te pastoreará siempre, y en las sequías saciará tu alma, y dará vigor a tus huesos; y serás como huerto de riego, y como manantial de aguas, cuyas aguas nunca faltan" (Isaías 58:11).

"He aquí, bienaventurado es el hombre a quien Dios castiga; por tanto, no menosprecies la corrección del Todopoderoso. Porque él es quien hace la llaga, y él la vendará; él hiere, y sus manos curan" (Job 5.17-18).

Beth y Susan estaban jugando en un área de construcción cerca de sus casas. Ambas habían sido advertidas por sus padres que debían alejarse del lodo, pero hacer pasteles de lodo era divertido.

Al acercarse la hora de cenar tenían lodo en su ropa y sus botas. Se dieron cuenta de que pronto debían presentarse ante sus padres. Beth estaba acongojada y avergonzada, se dio cuenta de que debía confesar, pedir perdón y afrontar las consecuencias de su comportamiento. Abatida, caminó lentamente a casa.

Susan estaba aterrorizada, empezó a temblar. Pensar en presentarse ante su padre era demasiado para ella. Sabía que él iba a gritar y maldecir. Y que si había tenido un día difícil la paliza sería severa.

Susan empezó a idear un plan para engañar a su padre, iba a tratar de ocultar su desobediencia y evitarlo el mayor tiempo posible. Si era necesario mentiría. Así se fue a casa por los matorrales deteniéndose a esconder sus botas en un árbol.

¿A cuál de las dos niñas se parece usted? Algunas a Beth, su padre corrigió su comportamiento con amor, congruencia y justicia. Comprenden que la disciplina es benéfica aunque duela. Otras se identificarán con Susan. Debido a su experiencia con una disciplina ruda, puede ser que resientan y aun odien la disciplina.

 Marque la descripción que mejor ilustre la manera en que su padre lo disciplinaba.

- ❏ Mi padre no me corregía, no se ocupaba de mi vida.
- ❏ Mi padre era muy permisivo, casi nunca corregía mi mal comportamiento.
- ❏ Mi padre era muy voluble, nunca sabía si iba a disciplinarme o qué tipo de disciplina esperar.
- ❏ Mi padre era rudo y castigaba duramente, casi siempre la disciplina era más severa de lo que la falta ameritaba.
- ❏ Mi padre era amoroso, justo y consecuente en su corrección.

El propósito de la corrección paterna es la enseñanza. En Efesios 6.4, Pablo da instrucciones a los padres de no provocar a ira a sus hijos con la disciplina, sino a corregirlos de manera que ellos acepten la enseñanza e instrucción del Señor. Pablo repite las mismas instrucciones a los padres en Colosenses 3.21.

La disciplina que es ruda, injustificada o erróneamente motivada, puede frustrar y desalentar. A diferencia de los malos ejemplos de corrección que vemos en los padres terrenales, la corrección de nuestro Padre celestial es siempre amorosa, justa y consecuente. Siempre está moderada por su misericordia; siempre nos corrige para nuestro bienestar. Su deseo es guiarnos hacia una posición de mayor madurez, sabiduría y gozo.

Corrige porque ama

La corrección es una expresión de amor. El rey Salomón dijo que los padres que aman a sus hijos tienen cuidado de corregirlos. Los padres que no disciplinan hacen un mal a sus hijos. Salomón dice que la falta de corrección indica que esos padres "odian" a sus hijos (Proverbios 13.24).

 Lea Proverbios 3.11-12 en el margen. ¿Qué siente el Padre hacia aquellos a quienes reprocha, disciplina y corrige?

_____

Castigar significa causar un dolor buscando una mejoría moral; disciplinar y moldear el carácter por medio de la adversidad. El propósito del castigo no es causar un sufrimiento, no es la venganza ni la humillación, sino corregir el error. Está motivado por el amor y por el compromiso de buscar lo mejor para la otra persona.

La corrección es la otra cara de la dirección. Es simplemente otra forma en que se nos enseña o instruye. Los padres permisivos no ayudan a la maduración de sus hijos. Nuestro Padre no quiere que sus hijos sean adultos infantiles. Nos corrige con el propósito de guiarnos hacia la madurez. Es una parte esencial de su amor.

Cómo corrige Dios

El Padre corrige a través de
- La Palabra (2 Timoteo 3.16)
- El Espíritu Santo que redarguye de pecado (Juan 16.7-8)
- Las consecuencias de nuestro comportamiento (Jeremías 2.19)
- La sabiduría y discernimiento de otros (Proverbios 9.9)

El Padre le corregirá con sabiduría y amor. El Padre le castigará con justicia (Jeremías 46.28). Solo un necio menosprecia la disciplina de su Padre (Proverbios 15.5). Dios acusa proféticamente a Jerusalén y le dice: "No escuchó la voz, ni recibió la corrección; no confió en Jehová, no se acercó a su Dios" (Sofonías 3.2).

¿Y qué de usted? ¿Ha sido correcta su percepción acerca de la corrección del Padre?

 Conteste estas preguntas, marcando sí o no.

1. ¿Menosprecia usted la corrección del Padre?   sí   no
2. ¿Confía en su amor y dirección?   sí   no
3. ¿Cree que Él quiere castigarlo con severidad y dañarlo?   sí   no
4. ¿Se esconde en lugar de permitir que la corrección le acerque más al corazón del Padre?   sí   no

Termine la lección de hoy sometiéndose a la corrección del Padre.

"No menosprecies, hijo mío, el castigo de Jehová, ni te fatigues de su corrección; porque Jehová al que ama castiga, como el padre al hijo a quien quiere" (Proverbios 3:11-12).

"El que tiene en poco la disciplina menosprecia su alma...El temor de Jehová es enseñanza de sabiduría; y a la honra precede la humildad" (Proverbios 15.32-33).

Día 5
El Padre es paciente y perdona

"Jehová, tardo para la ira y grande en misericordia, que perdona la iniquidad y la rebelión" (Números 14.18).

Mi papá casi nunca sonreía. Siempre percibía su desagrado; aun cuando yo no hacía nada malo. Si hacía algo malo se enojaba, gritaba, y se salía de sus casillas. Casi nunca recuerdo algún momento en que no estuviera estresado y enojado.

Yo me imagino a Dios como un juez enojado. Siento que necesito ser perfecta, si no, su ira se dirigirá contra mí. Sé que es misericordioso y amoroso. Pero siento que estas cualidades no van de acuerdo con sus características principales. No le había dado mucha importancia a la forma en que yo había desarrollado mi concepto de Dios el Padre. Al pensar en esto ahora, veo que he proyectado la experiencia con mi padre terrenal a mis creencias sobre el carácter de Dios.

Joyce

Hace algunos años, en Escocia, una mujer joven reunió a un grupo de niños marginados, para una clase de Escuela Dominical. Debido a que los niños vestían pobremente, el superintendente de la Escuela Dominical compró para cada niño ropa nueva para ir a la iglesia.

Bob era el niño de peor comportamiento y con menos posibilidades económicas de la clase. Después de dos o tres domingos dejó de venir. La maestra lo fue a buscar. El niño se había descuidado, y su ropa nueva se había roto y estaba sucia. Pero cuando lo invitó a que regresara volvió a asistir.

El superintendente le dio otro juego de ropa. Sin embargo, nuevamente, después de asistir una o dos veces más, volvió a desaparecer. La maestra lo volvió a buscar para encontrar que al segundo traje le pasó lo mismo que al primero.

"Estoy muy desanimada con Bob", le dijo la maestra al superintendente, "creo que me voy a dar por vencida con él".

"Por favor, no haga eso", le contestó, "yo tengo la esperanza de que haya una pequeña posibilidad para Bob. Intentémoslo otra vez. Dígale que le daremos ropa por tercera vez si nos promete que asistirá regularmente".

Bob prometió su asistencia y se le dio la ropa. Vino regularmente después de eso. Un día entregó su vida a Jesús y empezó a buscar al Señor con todo su corazón.

El nombre completo de este niño desamparado, andrajoso y desertor fue Robert Morrison; llegó a ser un gran misionero en China. Tradujo la Biblia al chino abriendo el reino a millones de personas. ¿Qué hubiera sido de Bob si el superintendente hubiera sido impaciente?

El Padre paciente

El apóstol Pablo llamó a Dios "el Dios de la paciencia y de la consolación" (Romanos 15.5). Es "fuerte, misericordioso y piadoso; tardo para la ira, y grande en misericordia y verdad; que guarda misericordia a millares, que perdona la iniquidad, la rebelión y el pecado" (Éxodo 34.6-7).

La palabra que se traduce "tardo para la ira" se puede traducir también "paciente en el sufrimiento". Significa aguantar mucho antes de enojarse; esperar con esperanza y paciencia. El Padre tiene mucha paciencia (Jeremías 15.15). Pablo dice que es rico en paciencia y longanimidad (Romanos 2.4).

Lea los versículos en el margen. ¿Cómo describiría la disposición básica del Padre?

_____

¿Siente que el Padre sea impaciente o esté enojado con usted? Ponga una X para indicar cómo siente a Dios.

Muy impaciente y enojado   Paciente y con sentimientos buenos

En el margen escriba por qué se siente así.

Su paciencia conduce a la victoria

Susana Wesley fue la madre de los grandes predicadores del siglo XIX Juan y Carlos Wesley. Un día su esposo se maravilló por la paciencia que le tenía a uno de sus hijos. "¡Le ha dicho lo mismo a este niño 20 veces!"

Susana observó al niño con ternura y dijo: "Si le hubiera hablado solo 19 veces, hubiera echado a perder toda mi labor".

La paciencia propicia el camino hacia la victoria. Dios Padre es paciente con nosotros porque quiere victoria en nuestras vidas. Su paciencia y longanimidad nos conducen al arrepentimiento (Romanos 2.4).

"Misericordioso y clemente es Jehová; lento para la ira, y grande en misericordia...no ha hecho con nosotros conforme a nuestras iniquidades, ni nos ha pagado conforme a nuestros pecados. Porque como la altura de los cielos sobre la tierra, engrandeció su misericordia sobre los que le temen. Cuanto está lejos el oriente del occidente, hizo alejar de nosotros nuestras rebeliones. Como el padre se compadece de los hijos, se compadece Jehová de los que le temen"
(Salmo 103.8,10-13).

"El Señor no retarda su promesa, según algunos la tienen por tardanza, sino que es paciente para con nosotros, no queriendo que ninguno perezca, sino que todos procedan al arrepentimiento" *(2 Pedro 3.9).*

 Lea 2 Pedro 3.9 en el margen. ¿Por qué es paciente el Padre? _____

Lea la historia del Hijo Pródigo en Lucas 15.11-24.

Esta parábola ilustra de una manera hermosa varios aspectos del carácter de Dios.

- El padre amó a su hijo lo suficiente para darle libertad. Cuando el hijo pidió su parte de la herencia, el padre no estaba obligado a dársela. Pero al permitir que el hijo se fuera, el padre estaba creando la posibilidad de una verdadera relación.
- El padre esperó con paciencia que su hijo regresara. El padre sabía que una relación con su hijo descarriado no era posible hasta que el corazón de su hijo cambiara. El hijo tenía que llegar a un momento de quebrantamiento, tristeza y humildad. Cada día, el padre se paraba al final del camino y esperaba con paciencia y compasión. Por fin el hijo se dio cuenta de lo necio que había sido, en el punto más bajo de su vida decidió humillarse y regresar a casa.
- El padre lo perdonó de una manera total y gozosa. Cuando el padre vio a su hijo titubeante y lleno de culpa venir por el camino, corrió gozoso a abrazarlo. No le recriminó con las palabras: "Te lo dije". El padre lo perdonó al instante. El hijo pensó que le debían dar el lugar de un siervo, pero el padre no quería eso. Lo vistió con ropa nueva y mandó a sus siervos que prepararan un gran banquete.

Jesús contó esta historia para enseñar cómo es el corazón paternal de Dios. El Padre que espera no pasa por alto el pecado y la rebelión. Está triste por la forma en que el mal nos destruye a nosotros y a otros. Su amor, su corazón quebrantado y su voluntad para perdonar gana nuestros corazones y nos acerca al hogar.

 Usando como guía la historia del hijo pródigo, evalúe en qué etapa de la relación con su Padre celestial se encuentra usted. (Marque una.)

___lejos del Padre
___rumbo al hogar
___en la casa del Padre

Si ha estado alejándose del Padre tal vez quiera dedicar algún tiempo para "regresar al hogar" confesando sus pecados y arrepintiéndose. Él está esperando que usted haga eso. El Padre le ama.

Semana 4
Nuestro Padre Dios es solícito

Resumen de la Semana 4
Esta semana usted:
- identificará cómo necesita la fuerza del Padre;
- dará ejemplos de la protección del Padre;
- determinará buscar activamente la liberación del Padre;
- describirá cómo se despreocupa estando al cuidado del Padre.

Debajo de las cataratas del Niágara, entre la cortina de agua y la roca, se encuentra un espacio vacío llamado la Cueva del Viento. Los turistas que quieren llegar a esta cueva pasando por las rocas, oyen miles de toneladas de agua caer desde arriba y estrellarse en un potente rugido unos pocos pasos enfrente de ellos. Para ellos, ver las cataratas desde esta perspectiva bien vale la pena el esfuerzo, aunque los ciegue el rocío y la bruma y una fuerte corriente de viento pase aullando por su cara.

Imagine a un padre llevando a su pequeña hija por este camino. Ella lo mira al oír el poderoso rugido ir en aumento. El agua lastima su cara, ella grita, pero su vocecita se pierde en el caos ensordecedor. Aterrorizada grita: "¡Papá!" El padre toma en brazos a su asustada hija y la lleva al otro lado.

Al finalizar el viaje, la niña señala las cataratas y le dice con orgullo al portero: "¡Mi papá me llevó allí!" ¿Por qué la llevó allí? Porque conocía la majestad y la belleza de las cataratas y de la cueva.

Dios el Padre no nos lleva por caminos libres de peligros. No nos asegura que nunca tendremos miedo, ni que no tengamos frío o nos mojemos, o que gritemos alarmados por un caos. Sí nos garantiza el propósito del viaje y su presencia constante. Lea el estudio de esta semana para descubrir que Él es más que suficiente.

Versículo para memorizar
"Los ojos de Jehová están sobre los justos, y atentos sus oídos al clamor de ellos...Claman los justos, y Jehová oye, y los libra de todas sus angustias" (Salmo 34.15,17).

Lecciones de esta semana
- Día 1: El Padre es fuerte
- Día 2: El Padre protege
- Día 3: El Padre tiene un plan
- Día 4: El Padre sana
- Día 5: El Padre provee generosamente

Día 1
El Padre es fuerte

> *"¿No has sabido, no has oído que el Dios eterno es Jehová, el cual creó los confines de la tierra? No desfallece, ni se fatiga con cansancio, y su entendimiento no hay quien lo alcance. El da esfuerzo al cansado, y multiplica las fuerzas al que no tiene ningunas"*
> (Isaías 40.28-29).

Conservo una fotografía que me gusta mucho de mi esposo abrazando con ternura a nuestra hija recién nacida contra su pecho. Contrastan su fuerza y capacidad con la debilidad y vulnerabilidad de ella. Sin embargo, ella duerme en perfecta seguridad y contentamiento cerca de su cuello.

Su rostro refleja compasión y compromiso. Sus ojos tienen la firme resolución de proteger y nutrir a esta pequeña en sus brazos. Este cuadro me recuerda a mi Padre celestial que es fuerte y poderoso. Él es mi refugio, mi fuerza y mi roca.

Becky

A los niños les encanta presumir de sus papás: "Mi papá es muy inteligente, mi papá puede correr rápido". ¡Nosotros podemos jactarnos de nuestro Padre celestial! Uno de sus nombres Yahveh Sabaot refleja su "poder", la habilidad de poder hacer o llevar a cabo. Se refiere a un poder y fuerza efectivos.

En el Salmo 68.34, David nos dice "atribuid poder a Dios". Atribuir significa darle crédito. Los hijos de Dios deben reconocer su gran fuerza. David preguntó: "¿Quién como tú? Poderoso eres, Jehová ... Tuyo es el brazo potente; fuerte es tu mano" (Salmo 89.8,13). "Jehová reina; se vistió de magnificencia... se ciñó de poder" (Salmo 93.1).

Lea el Salmo 29, y escriba en el margen las palabras o las frases que ilustran la fuerza de Dios.

¿Identificó frases como "quebranta los cedros", "desnuda los bosques"? Son grandiosas estas manifestaciones de la fuerza y el poder de Dios y tal vez infundan temor. Lea la conclusión de Jeremías en el margen.

Bendiciones recibidas por la fuerza del Padre

La fuerza del Padre nos brinda ayuda, seguridad, confianza y gozo. Cada una de estas palabras representa una bendición de Dios que podemos pedir realmente cuando confiamos en Él.

1. Ayuda

Mi padre era carpintero, al observarlo hacer todas esas cosas hermosas de madera, me impresionaba la fuerza de sus talentosas manos. Papá podía componer, abrir, torcer, doblar o enderezar casi todo lo que tocaba.

> *"¡Oh Señor Jehová! he aquí que tú hiciste el cielo y la tierra con tu gran poder, y con tu brazo extendido, ni hay nada que sea difícil para ti"* (Jeremías 32.17).

Nuestra familia se beneficiaba de la fuerza de papá de maneras prácticas. Cuando cualquier tarea era demasiado difícil para nosotros, corríamos a buscar a papá. Mi papá no ejercitaba sus músculos para que nosotros pudiéramos acariciar su ego o para abusar de nosotros o humillarnos. Al contrario, él usaba su gran fuerza para servirnos y ayudarnos. Del mismo modo, Dios Padre quiere que reconozcamos su gran fuerza para que recurramos a su ayuda.

"En tu mano está la fuerza y el poder, y en tu mano el hacer grande y el dar poder a todos" (1 Crónicas 29.12).

Lea 1 Crónicas 29.12 y Salmo 68.34-35 en el margen. ¿A quiénes da el Padre fuerza y poder?
- ❑ profetas, líderes y maestros
- ❑ los santos
- ❑ a todos sus hijos

Marque las razones por las cuales recurre a la fuerza de Dios para que le ayude.
- ❑ tomar decisiones
- ❑ tratar relaciones difíciles
- ❑ resistir la tentación
- ❑ ¿otras? _____

"Atribuid poder a Dios; sobre Israel es su magnificencia, y su poder está en los cielos. Temible eres, oh Dios, desde tus santuarios; el Dios de Israel, él da fuerza y vigor a su pueblo" (Salmo 68.34-35).

2. Seguridad

Lea Salmo 18.2 en el margen. Esta era la oración de David antes de ir a la batalla contra sus enemigos en una emergencia nacional. Sabía la importancia del resultado. Su oración fue un voto de confianza a la protección de Dios.

Lea Salmo 144.2 en el margen. Cuando vienen las dificultades, ¿busca a Dios como su refugio? ❑ Sí ❑ No

David reconocía la grandiosa fuerza de Dios. Ella era la fuente de su propia fuerza. En 2 Samuel 22.3, David llama a Dios "el fuerte de mi salvación, mi alto refugio", un lugar de seguridad.

Recuerde que David escribió muchos de sus Salmos cuando huía del rey Saúl que lo quería matar. La paz que él sentía no se relacionaba con sus fuerzas físicas. Venía de Dios.

"Jehová, roca mía y castillo mío, y mi libertador; Dios mío, fortaleza mía, en él confiaré; mi escudo, y la fuerza de mi salvación, mi alto refugio" (Salmo 18.2).

"Misericordia mía y mi castillo, fortaleza mía y mi libertador, escudo mío en quien he confiado" (Salmo 144.2).

¿Ha sentido una paz que sabe proviene de Dios en medio de circunstancias difíciles? Si es así, considere comunicar su experiencia al grupo en la próxima sesión.

3. Confianza

En el Parque Nacional de las Montañas Rocosas Canadienses, vemos venados y cabras monteses escalar las laderas. Estos animales guardan el equilibrio aun en las rocas más estrechas.

David decía que la fuerza de Dios le daba la confianza y el pie firme

"Jehová dará poder a su pueblo; Jehová bendecirá a su pueblo con paz" (Salmo 29.11).

*"Dios es el que me ciñe de fuerza, y quien despeja mi camino; quien hace mis pies como de ciervas, y me hace estar firme sobre mis alturas...tu benignidad me ha engrandecido. Tú ensanchaste mis pasos debajo de mí, y mis pies no han resbalado"
(2 Samuel 22.33-37).*

que tenía el venado. Lea 2 Samuel 22.33-37 en el margen.

Habacuc estaba de acuerdo con David (Lea Habacuc 3.19).

Identifique el angosto borde de su vida que necesita la fuerza del Padre. Tal vez sea una circunstancia difícil, una relación rota, enfermedad o aflicción. Escríbalo a continuación:

_____

4. Gozo

Jill estaba segura que su supervisor, Tom, no le iba a dar permiso de faltar al trabajo para asistir a la entrega de reconocimientos de su hijo en la escuela. Jill imploró, de todo corazón, ayuda a Dios. Después de orar sintió que podía manejar cualquier cosa que Tom decidiera.

Imagine su gozo cuando él accedió. Tom tenía planeado que Jill recogiera unos artículos en la tienda de mayoreo, cerca de la escuela de su hijo. ¡Ahora podía asistir a la ceremonia y cumplir con su trabajo al mismo tiempo!

El gozo es el resultado de ver la forma en que opera la fuerza de Dios en nuestras vidas. David nos anima: "Buscad a Jehová y su poder; buscad siempre su rostro" (Salmo 105.4). Busque a Dios con más cuidado el día de hoy, imagínese su rostro y sus fuertes brazos que lo quieren levantar.

"Jehová es mi fortaleza y mi escudo;...por lo que se gozó mi corazón...Jehová es la fortaleza de su pueblo" (Salmo 28.7-8).

Día 2
El Padre protege

Mi papá formuló una serie de reglas para mí; por ejemplo, no salir sola con un muchacho sino hasta los 16 años. De momento yo estaba en desacuerdo con sus decisiones. Me acuerdo de un novio que a mi papá le desagradaba. No me prohibió verlo, pero sí me hizo ver claramente cómo se sentía sobre aquella relación. Ahora me doy cuenta de que papá tomaba decisiones para protegerme de peligros que yo no podía ver. Siempre tuvo las mejores intenciones en su corazón.

Si mi papá hacía lo que era mejor para mí, ¿cuánto más me protegerá y guiará mi Padre celestial? Haber tenido un padre terrenal digno de confianza me ayuda a confiar en mi Padre celestial.

*"Pero alégrense todos los que en ti confían; den voces de júbilo para siempre, porque tú los defiendes; en ti se regocijan los que aman tu nombre. Porque tú, oh Jehová, bendecirás al justo; como con un escudo lo rodearás de tu favor"
(Salmo 5.11-12).*

Renate

¿Por qué esperamos que nuestros padres nos protejan? Tal vez sea por su tamaño físico, su voz profunda y sus fuertes músculos. Proteger a los hijos —característica de un padre responsable— es una característica primordial de nuestro Padre celestial. Hoy y mañana veremos los principios que rigen la protección del Padre.

Principio 1: El Padre ve

El Padre ve lo que le está pasando a usted. Proverbios 15.3 dice: "Los ojos de Jehová están en todo lugar". Sus ojos miran y observan todo lo que pasa (Salmos 11.4; 66.7). David preguntó: "El que hizo el oído, ¿no oirá? El que formó el ojo, ¿no verá?" (Salmo 94:9).

Los malos en ocasiones piensan que Dios no los ve (Salmo 10.11). Pero los justos saben que Dios lo ve todo.

Cuando Agar, la sierva de Sarai, se embarazó de Abram, Sarai empezó a despreciarla y a maltratarla. Agar, encinta, huyó al desierto intentando huir para siempre. El Ángel del Señor se le apareció al lado del pozo, "porque Jehová ha oído tu aflicción" (Génesis 16.1-11).

Lea Génesis 16.13 en el margen. ¿Qué nombre le dio Agar al Señor?

_____

"Entonces llamó el nombre de Jehová que con ella hablaba: Tú eres Dios que ve; porque dijo: ¿No he visto también aquí al que me ve?" (Génesis 16.13).

Agar se enfrentó a la soledad, el dolor, la aflicción y en una ocasión a la muerte segura. Al final, ella y su hijo fueron desheredados y echados de su hogar (Génesis 21.8-20). Pero en todos sus problemas, Dios la estaba viendo. El Padre es "El Viviente-que-me-ve".

Principio 2: El Padre se interesa

Muchas veces los hijos de Israel sufrieron aflicciones terribles. Durante su esclavitud en Egipto, Dios vio su aflicción y se preocupó por ellos (Éxodo 2.25). Oseas 11.8 relata que el Padre dijo: "Mi corazón se conmueve dentro de mí, se inflama toda mi compasión".

Usted puede creer que Dios lo ve cuando está en peligro o aflicción, pero tal vez no crea que realmente se preocupa.

Lea el pasaje de Isaías en el margen. Marque la frase que indica la preocupación del Padre por sus hijos.

Principio 3: El Padre apoya

Las águilas construyen sus nidos en la cima de árboles altos o en riscos. Para enseñar a los aguiluchos a volar, los padres los animan a pararse en una rama y luego los empujan. Si esto falla, los sacan del nido y echan al vacío. Pero el padre baja y se coloca por debajo de él y mueve sus potentes alas; la corriente de aire que se produce empuja al aguilucho hacia arriba ayudándolo a volar.

"En toda angustia de ellos él fue angustiado, y el ángel de su faz los salvó; en su amor y en su clemencia los redimió, y los trajo, y los levantó todos los días de la antigüedad" (Isaías 63.9).

"En ti confiarán los que conocen tu nombre, por cuanto tú, oh Jehová, no desamparaste a los que te buscaron" (Salmo 9.10).

Cuando los israelitas acampaban en el desierto de Sinaí, Dios le dijo a Moisés: "Vosotros visteis lo que hice a los egipcios, y cómo os tomé sobre alas de águilas, y os he traído a mí" (Éxodo 19.4). Los israelitas no habían visto su apoyo cuando sufrían bajo su carga progresiva en Egipto (Éxodo 5.20-22). Tampoco lo vieron cuando quedaron atrapados por el ejército egipcio, o cuando pensaron que morirían de hambre en el desierto (Éxodo 14.10-12;16.3). Pero el Padre los apoyaba continuamente con su fuerza y poder, como el águila.

En el margen, describa una ocasión en que su Padre celestial lo haya apoyado y protegido "tras bambalinas".

Lea Isaías 46.3-4. ¿Por cuánto tiempo apoyará el Padre a sus hijos?

_____

El Padre lo apoya desde el momento que nace hasta el que muere: ¡toda la vida! Aunque usted no perciba su presencia.

Principio 4. El Padre construye límites

En el libro de Job, Satanás pidió permiso para provocarle sufrimiento a Job; esperaba que se volviera contra Dios. Dios permitió que Satanás le quitara sus rebaños, sus cosechas y sus hijos. A pesar de su sufrimiento, Job no rechazó a Dios. Satanás se acercó a Dios por segunda vez pidiendo permiso para tocar el cuerpo de Job. Dios permitió esto, pero no dejó que Satanás le quitara la vida a Job (2.6).

Cada vez que Satanás se acercó a Dios, Dios especificó los límites. En 1 Corintios 10.13, Pablo dice que el Padre es fiel. No nos da más de lo que podemos soportar. No debemos temer; pertenecemos al Padre y Él nos asegura que vamos a soportar cualquier cosa por la que vayamos a pasar.

Lea Isaías 43.1-2 en el margen. ¿De qué manera nos asegura el Padre que vamos a poder soportar las dificultades que encontremos?

"No temas, porque yo te redimí; te puse nombre, mío eres tú. Cuando pases por las aguas, yo estaré contigo; y si por los ríos, no te anegarán. Cuando pases por el fuego, no te quemarás, ni la llama arderá en ti" (Isaías 43.1-2).

El Padre está con usted a través de cada dificultad. A Satanás le fija límites en lo que le puede hacer. En el momento tal vez no pueda ver a Dios, pero después, usted, como la niña en las cataratas de Niágara, podrá señalar con orgullo la cueva y decir: "Mi papá me llevó allí".

Día 3
El Padre tiene un plan

Como padre yo deseo proteger a mi familia. Cuando algo amenaza a los miembros de mi familia, la adrenalina fluye e instintivamente me pongo entre ellos y el peligro. En mi familia, yo soy el tipo que recibirá el balazo.

Proteger a mis hijos no significa únicamente resguardarlos de daño físico, sino enseñarles una forma de vivir. Protejo a mi hija enseñándole a darse a respetar, manteniéndose alejada de hombres que la puedan dañar. Como padre, esta es una de mis responsabilidades principales.

Mike

Mi hijo Jonathan, de siete años, me enseñó un dibujo hecho a lápiz; el cuadro mostraba un cielo nublado con lluvia abundante. Un hombre estaba parado en un muelle con otros cuatro personajes, hechos con trazos sencillos, a quienes azotaban grandes olas; estos pedían auxilio. El hombre gritaba: "¡Ya voy!"

Jonathan me explicó que el hombre en el muelle era papá y los que estaban en el agua éramos nosotros. Dijo: "Papá nos va a salvar porque para eso son los papás".

Coloqué el dibujo entre mis cosas especiales. Ilustra hermosamente la sencilla fe de un niño que confía en su padre de manera incondicional. El hecho de que yo sepa nadar muy bien, ¡no formó parte de su razonamiento! "Papá nos salvará ... para eso son los papás".

Hoy veremos los tres principios restantes sobre la protección del Padre. Usando las palabras de Jonathan, ¡para eso son los papás!

"Ten misericordia de mí, oh Dios, ten misericordia de mí; porque en ti ha confiado mi alma, y en la sombra de tus alas me ampararé hasta que pasen los quebrantos. Clamaré al Dios Altísimo, al Dios que me favorece. Él enviará desde los cielos, y me salvará...Dios enviará su misericordia y su verdad" (Salmo 57.1-3).

Principio 5: Confíe en su protección

Lea los siguientes versículos. Escriba lo que usted debe hacer con respecto a la protección del Padre.

Salmo 62.8 _____

Proverbios 3.5 _____

Isaías 26.3-4 _____

El Padre quiere que confiemos en su protección. Cuando estamos en peligro, ansiosos o temerosos, quiere que lo llamemos.

❧ **Con base en los anteriores versículos, escriba (V) si la aseveración es verdadera y (F) si la aseveración es falsa.**

____ **Cuando tengo dificultades, debo aceptarlas como la voluntad de Dios para mí y no tratar de cambiarlas.**

____ **Puedo esperar que el Padre me proteja aunque yo no esté tratando de seguir sus caminos.**

____ **El Padre siempre oye mi clamor. Me protegerá y liberará aunque no sea en el momento o de la manera que yo me imaginé.**

____ **La protección del Padre significa que Él me ha capacitado para tomar decisiones y tomar el control de mi vida.**

En el margen, haga una lista de algunas acciones y actitudes que demuestran que usted confía en la protección del Padre.

Principio 6: Confiar en los propósitos de Dios

Confiar en Dios parece ser más fácil cuando todo va bien. Cuando hay dificultades, cuestionamos los propósitos de Dios. En última instancia, el Padre quitará el dolor (Lea Apocalipsis 21.4).

Hasta ese día, lucharemos con el sufrimiento. El Padre sabio y amoroso permite y usa el dolor en la vida de sus hijos para sus propios propósitos redentores. A continuación se mencionan algunos de ellos:

• Para probar y purificar	Salmo 66.10
• Para corregir el comportamiento	Salmo 119.67
• Para enseñarle acerca del carácter de Él	Job 42.3-5
• Para revelar su poder y su gloria	Juan 9.1-3
• Para acercarnos a su corazón	Romanos 8.35-39
• Para aumentar nuestra dependencia de Él	2 Corintios 12.9
• Para aumentar nuestra madurez y sabiduría	Santiago 1.2-5
• Para fortalecernos	1 Pedro 5.10

Dios no siempre nos protege del dolor, pero nos fortalecerá y nos hará madurar al redimir el dolor por algo de valor eterno. Usará lo que Satanás quiere para mal para edificar lo bueno en su vida.

❧ **Lea Mateo 13.20-21 y explique lo que le pasó a la semilla que cayó en los pedregales.**

Principio 7: Confiar en su salida

El Padre controla los límites de lo que nos pasa. No permitirá más de lo que podamos soportar. Primera de Corintios 10.13 dice que "dará también juntamente con la tentación la salida". En otras palabras, no sufriremos para siempre. Debemos buscar la salida del Padre.

❦ **Lea los versículos en el margen. Y conteste las preguntas.**

¿Qué hace el Padre cuando usted lo llama? _____

Cuando tiene el corazón destrozado, ¿dónde está el Padre? _____
¿Responderá el Padre a los de corazón quebrantado?
   ❏ Sí   ❏ No

¿Cuántas aflicciones es probable que tenga? _____

¿De cuántas de estas angustias lo librará el Padre?
 ❏ algunas de mis angustias
 ❏ de la mayoría de mis angustias
 ❏ de todas mis angustias

"Los ojos de Jehová están sobre los justos, y atentos sus oídos al clamor de ellos...Claman los justos, y Jehová oye, y los libra de todas sus angustias. Cercano está Jehová a los quebrantados de corazón; y salva a los contritos de espíritu. Muchas son las aflicciones del justo, pero de todas ellas le librará Jehová" (Salmo 34.15;17-19).

El Padre quiere usar su dolor para traerle bendición. Ha prometido que cada vez que tenga aflicción, puede esperar un tiempo de liberación y victoria.

Santiago anima al creyente a tener "sumo gozo" cuando se encuentre en diversas pruebas (1.2). Hay gozo cuando soportamos sabiendo que nuestro dolor tiene un propósito. ¡Dios tiene un plan!

❦ **Si está pasando por una prueba difícil ahora, reconozca la soberanía del Padre en su vida. Pídale que use la dificultad para traer bienestar a su vida. Pídale que lo ayude a ver su camino a través del problema.**

Día 4
El Padre sana

Mis años de niñez y adolescencia se hallan borrosos en mi memoria por el dolor que me produjo el que abusaran de mí tanto física como sexualmente. De joven, me culpaba a mí misma; me sentía sucia e indigna de ser amada. Buscaba amor y aceptación solo para ser usada y lastimada una y otra vez. Entonces encontré a Jesús, mi Salvador. A través de los años, Jesús tiernamente me llevó a su Padre. Yo anhelaba un papá que me cuidara, pero los antiguos temores bloqueaban el camino. Poco a poco, una profunda sanidad llegó. Ahora mi Padre celestial es todo lo que yo hubiera soñado que fuera. En verdad es mi Abba Padre, que me ama, me protege y atesora como su hija especial.

              Esther

"Con sus plumas te cubrirá, y debajo de sus alas estarás seguro; escudo y adarga es su verdad" (Salmo 91.4).

Algunos padres terrenales hacen mal uso de su fuerza. Emplean su fuerza de manera egoísta en sus propios proyectos o pasatiempos, y pasan muy poco tiempo ayudando a la familia. Tal vez usted tuvo un padre que no la bendijo con su fuerza. Si es así, ¿es para usted fuente de temor la fuerza del Padre?

🦋 **Marque la aseveración que mejor refleje su sentir.**
❏ Me siento totalmente intimidado y temeroso cuando pienso en la fuerza del Padre.
❏ Me siento un poco inseguro cuando pienso en la fuerza del Padre. Temo que pueda usar su fuerza para lastimarme.
❏ Quiero apoyarme en la fuerza del Padre. Sin embargo, soy cauteloso para confiar totalmente en Él.
❏ Me deleito en la fuerza del Padre. Para mí es una fuente de bendición y paz.

Si la fuerza de Dios produce en usted temor en lugar de gozo, confiésele su lucha. Haga un compromiso para tratar de vencer su temor conociendo mejor a su Padre celestial.

Busque la protección del Padre Dios

🦋 **Lea los versículos en el margen. Encierre en un círculo las palabras o frases que indican que el Padre protege a sus hijos.**

Personalice la siguiente promesa que le hizo el Padre a David, escribiendo su nombre en los espacios. La promesa se tomó del Salmo 89.21.

"Mi mano estará siempre con _____; mi brazo también fortalecerá a _____".

Grace se crió en un hogar cristiano. Encomendó su vida a Jesús muy pequeña y siempre fue parte de una comunidad cristiana. Abusaron de Grace sexualmente por varios años, desde que ella tenía 10 años.

Grace, quien conocía y confiaba en Dios el Padre, pensó que la confianza menguaba al pasar el tiempo, pues su situación no cambiaba. Oró muchas veces por que Dios detuviera el terrible abuso. Desde su dolor y enojo, Grace concluyó que a Dios no le importaba. En los siguientes años, Grace se volvió obsesiva-compulsiva; se duchaba 3-4 veces al día para sentirse limpia. Alternó entre la anorexia y la bulimia. Aunque seguía asistiendo a la iglesia y buscó atención siquiátrica, tocó fondo y se quiso suicidar.

Dijo: "Me di cuenta que lo que yo pensaba que estaba controlando —

"Jehová es mi fortaleza y mi escudo; en él confió mi corazón, y fui ayudado, por lo que se gozó mi corazón, y con mi cántico le alabaré. Jehová es la fortaleza de su pueblo, y el refugio salvador de su ungido. Salva a tu pueblo, y bendice a tu heredad; y pastoréales y susténtales para siempre" (Salmo 28.7-9).

"Por cuanto en mí ha puesto su amor, yo también lo libraré; le pondré en alto, por cuanto ha conocido mi nombre. Me invocará, y yo le responderé; con él estaré yo en la angustia; lo libraré y le glorificaré" (Salmo 91.14-15).

"En su amor y en su clemencia los redimió, y los trajo, y los levantó todos los días de la antigüedad" (Isaías 63.9).

mi forma de comer y mi entorno— en realidad me estaba controlando a mí. En ese momento, el más oscuro de mi vida, volví a mirar a Dios. No tenía a nadie más que me pudiera ayudar. Así que dije: 'Dios, en realidad no me agradas mucho en este momento. No confío en ti. Pero escogeré darte lo que tengo, me doy por vencida. Eres mi única esperanza'".

"En mi mente, Dios me dio un cuadro de Jesús arrodillado junto a mí junto a un baúl de tesoros que representaba mi corazón lleno de odio y pensamientos equivocados acerca de Dios. Cada vez que tenía un pensamiento o sentimiento oscuro, podía elegir entre tirar ese ´tesoro´ o guardarlo. Al entregar cada uno, fue llegando la sanidad".

"En este proceso tuve que aprender a perdonar a mis agresores. Nunca aprobé lo que hicieron. Pero tenía que soltar la amargura, resentimiento, odio y venganza. Para ser libre, tenía que entregarle todo a Dios".

El abuso no es lo que Él planeó o quiso para mí. Pero el Padre estaba allí. En el momento no pensé que estuviera allí, pero ahora sé que estaba allí".

"En lugar de preguntar por qué no me protegió Dios, una mejor pregunta es ¿de qué me protegió Dios? Mi agresor juró matarme, pero no lo hizo. El abuso pudo durar muchos años más. Yo pude quedar embarazada. Pude haber muerto llena de amargura y rebelión contra Dios. Si Dios no hubiera estado conmigo, hubiera sido peor, mucho peor".

"Protección significa que el Padre estará conmigo en cada prueba. No me va a pasar nada de lo que Él no esté enterado y siempre podrá ayudarme a pasar por ello y sanarme".

"Mi dolor revelaba el amor del Padre por mí. Al principio, pensé que dejó que se me destrozara el corazón porque no le importaba. Ahora veo cuánto le importaba. Veo ahora que era lo suficientemente importante para Él para que no me dejara en ningún momento. Si me hubiera sacado del problema o sanado de inmediato, nunca me hubiera dado cuenta de lo que hizo por mí. Tuve que pasar por una lucha para reconocer su amor por mí".

"Sé con certeza y confianza que Dios está en el trono y soy su hija amada. No volvería atrás y renunciaría a eso por nada en el mundo. Mi pasado no se ve nada bien, pero estoy muy emocionada por lo que Él va a hacer en el futuro".

Esta es la conclusión de Grace: "No fundamente su confianza en la experiencia. Fundaméntela sobre la verdad de la palabra de Dios. Lea la Palabra. Ore. Escoja creer la verdad. Alimente su mente con la verdad. La verdad es lo que la hará libre".

Lea nuevamente Isaías 43.1-2 en el margen. Luego escriba su propia definición de lo que significa la protección del Padre.

_____

_____

"No temas, porque yo te redimí; te puse nombre, mío eres tú. Cuando pases por las aguas, yo estaré contigo; y si por los ríos, no te anegarán. Cuando pases por el fuego, no te quemarás, ni la llama arderá en ti" (Isaías 43.1-2).

Si Dios nos protegiera de todos los contratiempos, de todas las consecuencias del pecado o del error humano, ¿cree usted que lo seguiríamos motivados por el amor y la obediencia? ¿O estaría nuestra alianza con Él basada en el deseo de tener comodidades, salud, prosperidad y placer? Dios quiere que lo amemos por Él mismo y vivamos una vida de fe.

La verdad en Romanos 8.35-39 NO es que nunca pasaremos por tribulación, persecución o peligros sino que nada nos separará del amor de Dios. "Antes, en todas estas cosas somos más que vencedores por medio de aquel que nos amó" (Romanos 8.37).

Si la protección del Padre es un tema que le causa problemas, dígaselo. Invítelo a revelar su presencia en su lucha. En fe, dígale que cree que lo acompañará durante el problema.

Si actualmente se abusa de usted sexualmente, se le maltrata física o psicológicamente, por favor busque ayuda. Aléjese del peligro para que pueda sanar y con esperanza pueda redimir la situación. Llame al siguiente número de Estados Unidos para comunicarse con un consejero preocupado en la línea especial para mujeres violadas o maltratadas: 1-800-799-7233.

Día 5
El Padre provee generosamente

Mi padre no era un gran proveedor. Siempre se quejaba de cuánto costaba criar a sus hijos. Sin embargo, muchas veces papá compraba cosas costosas para él mismo, un reloj mejor, una bolsa de golf, una chamarra de piel o algún otro aditamento. Debido a estos lujos, muchas veces estuvimos endeudados. Él y mamá siempre discutían por el dinero. Sé que mi experiencia ha dificultado que yo confíe en que el Padre proveerá para mis necesidades. No me gusta depender de Él. Trato de ser autosuficiente. Tengo el presentimiento de que Él al igual que mi padre terrenal, me va a defraudar.

Carmen

"Yo soy Dios, el Dios tuyo...mía es toda bestia del bosque, y los millares de animales en los collados, conozco a todas las aves de los montes, y todo lo que se mueve en los campos me pertenece...porque mío es el mundo y su plenitud" (Salmo 50.7,10-12).

En los últimos años, se han hecho leyes para que los padres delincuentes paguen la pensión alimenticia de sus hijos. La sociedad espera que el padre biológico por lo menos contribuya económicamente para el bienestar de su hijo. David Blankenhorn, autor de *Fatherless America* (América sin padre), entrevistó a cientos de padres casados. Les preguntó qué caracterizaba a un buen padre. ¡Todos los entrevistados dijeron que un buen padre proveía para su familia!

Dios, el Padre celestial, provee generosamente para sus hijos. Les da buenos dones y una rica herencia a cada uno de ellos.

Recursos ilimitados

Dios tiene recursos ilimitados para satisfacer las necesidades de sus hijos y se deleita en usarlos para ese fin. En el Salmo 81.10, el Padre promete que cuando sus hijos abran la boca, Él la "llenará". Conforme a la costumbre de aquella época, cuando un buen rey quería extender un favor y un honor especial a un visitante, le pedía que abriera la boca y la llenaba de golosinas. A veces incluía un puñado de joyas.

"Hiciste cabalgar hombres sobre nuestra cabeza; pasamos por el fuego y por el agua, y nos sacaste en abundancia" (Salmo 66.12).

Lea los versículos en el margen y marque la palabra que describe cómo bendice el Padre.
❏ de mala gana   ❏ miserablemente   ❏ abundantemente

Los hijos de Israel muchas veces cuestionaron la habilidad de Dios para proveer. Preguntaron: "¿Podrá poner mesa en el desierto? He aquí ha herido la peña, y brotaron aguas, y torrentes inundaron la tierra. ¿Podrá dar también pan? ¿Dispondrá carne para su pueblo?" (Salmo 78.19,20).

Cuando se establecieron en la Tierra Prometida, los israelitas no reconocieron que Dios les daba grano, vino nuevo y aceite. Por el contrario, cuando vieron que les iban a hacer falta, se quejaron, se alejaron y culparon a Dios por no proveer. Su problema no era que Dios no pudiera proveer; erraron al no ver su generosidad.

"Abundante lluvia esparciste, oh Dios; a tu heredad exhausta tú la reanimaste. Los que son de tu grey han morado en ella; por tu bondad, oh Dios, has provisto al pobre" (Salmo 68.9-10).

Anote en el margen algunas buenas dádivas que le da el Padre regularmente. Por ejemplo, nos da el sol y la lluvia.

"Bendeciré abundantemente su provisión; a sus pobres saciaré de pan" (Salmo 132.15).

El Salmo 112.9 dice: "Reparte, da a los pobres". Al evaluar la lista que acaba de hacer, ¿ha repartido el Padre dones para usted?
❏ Sí   ❏ No   ❏ A veces   ❏ Rara vez

El Padre conoce nuestras necesidades

Jesús habló extensamente sobre la provisión del Padre. Usó el ejemplo de las aves para mostrar que Dios conoce nuestras necesidades.

"Mirad las aves del cielo, que no siembran, ni siegan, ni recogen en graneros; y vuestro Padre celestial las alimenta. ¿No valéis vosotros mucho más que ellas?" (Mateo 6.26)

"Porque todo aquel que pide, recibe; y el que busca, halla; y al que llama, se le abrirá. ¿Qué hombre hay de vosotros, que si su hijo le pide pan, le dará una piedra? ¿O si le pide un pescado, le dará una serpiente? Pues si vosotros, siendo malos, sabéis dar buenas dádivas a vuestros hijos, ¿cuánto más vuestro Padre que está en los cielos dará buenas cosas a los que le pidan" (Mateo 7.8-11).

"Para que todo lo que pidiereis al Padre en mi nombre, él os lo dé" (Juan 15.16).

"Pedid, y recibiréis, para que vuestro gozo sea cumplido" (Juan 16.24).

"Otra vez os digo, que si dos de vosotros se pusieren de acuerdo en la tierra acerca de cualquier cosa que pidieren, les será hecho por mi Padre que está en los cielos" (Mateo 18.19).

 Lea Mateo 6.26 en el margen. ¿Cómo describe este versículo la naturaleza de las aves?

_____

Si las aves lo estuvieran observando ¿qué verían?
❏ Ansiedad   ❏ Confianza

¿Está usted sin ansiedad en el cuidado del Padre?   ❏ Sí   ❏ No

Escriba un ejemplo de lo que cree que esta frase significa.

_____

El Padre quiere que pidamos

Jesús les enseñó a sus discípulos a orar diciendo: "El pan nuestro de cada día, dánoslo hoy" (Mateo 6.11) ¿Por qué debemos pedirle a Dios las cosas si Él ya sabe lo que necesitamos? Pedir mejora y profundiza la relación. Nos recuerda quién es el que provee.

 Lea los versículos en el margen. Cuente las veces que aparece la palabra pedir. Escriba el número en el margen.

El Padre quiere que pidamos para que el anhelo por las cosas se convierta en anhelo por el Dador. Dios no es un Padre ausente que en forma impersonal envíe la pensión alimenticia. Su provisión es profundamente personal, basada en una íntima relación con sus hijos.

El Padre quiere proveer para cada una de nuestras necesidades. Ya ha provisto una asombrosa herencia para nuestro futuro. Lo que requiere de nosotros, para poder derramar su abundante provisión, es solo que continuamente busquemos su rostro y "pidamos".

 Concluya el estudio de esta semana pidiendo al Padre que supla una necesidad específica. Escriba su petición abajo y ponga la fecha en que percibe la respuesta de Dios.

_____

Semana 5
Cómo quitar las barreras para establecer una relación

Resumen de la Semana 5
Esta semana
- identificará las áreas en que está "huérfano de padre";
- identificará creencias falsas respecto al Padre;
- decidirá ceñir las creencias falsas bajo el cinto de verdad;
- perdonará a su padre terrenal por las acciones que usted experimentó como pérdida o lesión;
- bendecirá a su padre terrenal por las cosas positivas que aportó a su vida.

La fotografía solitaria que se encontraba en una repisa de su sala era de un hombre y una mujer ya ancianos. "¿Sus padres?", le pregunté. Ella asintió.

"Es difícil creer que los padres envejecen", comenté. "No me imagino la vida sin ellos...Yo extrañaré mucho a los míos".

Ella hizo una pausa y dijo secamente: "La muerte de mi padre no me afectará. En cierto modo, ya no tengo padre, nunca lo tuve".

Si usted ha tenido un buen padre, es una gran bendición. Si no, puede ser que haya desarrollado percepciones equivocadas acerca de su Padre celestial que pueden obstruir su visión acerca de quién es Él en realidad.

¡Los padres y las madres terrenales son humanos y se equivocan! Las creencias falsas sobre nuestro Padre celestial, basadas en nuestras experiencias de la niñez, deben ser sustituidas por las creencias correctas sobre Dios, cuya fuente se encuentra en su Palabra. Puede empezar a realizar este cambio transfiriendo la base de la identidad de usted, de su padre falible a su Padre celestial infalible.

Esta semana, procure estar abierto al identificar las cosas positivas y las negativas de su padre terrenal que afectan su crecimiento espiritual y madurez.

Versículo para memorizar
"Envía tu luz y tu verdad; éstas me guiarán; me conducirán a tu santo monte, y a tus moradas. Entraré al altar de Dios, al Dios de mi alegría y de mi gozo" (Salmo 43.3,4).

Lecciones de esta semana
Día 1: Padre de huérfanos
Día 2: Falsas creencias acerca del Padre
Día 3: Crea la verdad
Día 4: Perdone a su padre terrenal
Día 5: Bendiga a su padre terrenal

Día 1
Padre de huérfanos

"Padre de huérfanos y defensor de viudas es Dios en su santa morada. Dios hace habitar en familia a los desamparados; saca a los cautivos a prosperidad; mas los rebeldes habitan en tierra seca" (Salmo 68.5-6).

Mi madre no estaba casada con mi padre. Vivieron juntos por un tiempo y luego él se mudó. El último contacto que tuve con él fue una tarjeta de cumpleaños cuando yo tenía tres años. Creo que no haber crecido con un padre me ha afectado profundamente.

Tengo ahora 25 años y estoy empezando a trabajar sobre algunos de estos problemas. Temo la traición, el abandono y no ser amada. Me cuesta trabajo confiar. Sigo siendo una niña por dentro, necesito con desesperación un papá que me sostenga. Por el momento procuro no acercarme a los hombres para poder descubrir quién es mi Padre celestial. Necesito un padre. Necesito ser sanada.

Laura

Para los israelitas era una prioridad el cuidado de los huérfanos. Dios instruyó a su pueblo a cuidar de ellos. Debían proteger sus derechos de heredad, invitarlos a compartir con ellos en las fiestas anuales, y darles una porción del diezmo de sus frutos (Deuteronomio 24.17; 26.12). Dios les dijo a los israelitas que él tomaría la causa de los huérfanos y trabajaría por ellos (Deuteronomio 10.18) y cualquiera que no tuviera en cuenta su bienestar se las vería con Él (Proverbios 23.10-11).

Busque los siguientes versículos. Escriba lo que el Padre ha prometido a los huérfanos:

Éxodo 22.22 _____

Deuteronomio 14.28-29 _____

Salmo 146.9 _____

Jeremías 49.11 _____

Sus propias palabras pueden haber expresado esta verdades:
- Dios conoce los problemas y la angustia que han experimentado los huérfanos.
- Él entiende los deseos de su corazón.
- Él provee para ellos y los bendice.
- Él los defiende contra aquellos que los quieren dañar.

Si su padre terrenal murió o lo abandonó, está muy consciente de su ausencia. Sin embargo, aunque viva con su padre terrenal, puede experimentar un grado de orfandad. Tal vez se haya sentido sin amor. Tal vez haya sido ignorado, o maltratado. Tal vez su padre haya luchado con adicciones, o no podía conservar un trabajo.

Debido a que ningún padre puede llegar a la altura de la paternidad perfecta de Dios, todos experimentamos una relación incompleta con nuestro padre hasta que conocemos a Dios. Cualquiera que haya sido el tipo de padre que haya tenido, su Padre celestial puede sanar cualquier herida. En sus canciones, David, que experimentó sentimientos de abandono, podía decir: "Aunque mi padre y mi madre me dejaran, con todo, Jehová me recogerá" (Salmo 27.10).

Busque la ayuda del Padre

En los versículos que leyó anteriormente, busque las formas en que el Padre ayuda al huérfano. El huérfano, a su vez, debe buscar la intervención del Padre a su favor.

 Lea los versículos en el margen. Subraye las palabras que indiquen lo que deben hacer los huérfanos.

El huérfano juega un papel importante: responder a las iniciativas de Dios.
- Reconocer su necesidad. Contarle sus luchas.
- Clamar al Padre. Llevar ante Él sus lágrimas y suspiros.
- Entregarse a su paternidad.

El Padre quiere proveer para sus necesidades físicas, sociales, emocionales y espirituales. Quiere colocarlo en el "lugar seguro" que ha estado buscando. ¿Cuál es este lugar seguro?

Vuelva a leer el Salmo 68.5-6 al inicio de la lección de hoy. Encierre en un círculo el lugar donde coloca Dios al huérfano.

¿Puso "en familia"? La frase "Dios hace habitar en familia al desamparado" también se puede traducir: "Dios da un hogar a los desamparados".

Dios quiere que aquellos que estén solos o desamparados sientan su seguridad. Quiere darles raíces y una identidad familiar, una tierra, y un pueblo que puedan llamar suyo. Quiere que conozcan la verdad acerca de quién es su Padre y cómo es.

El "lugar seguro" es el lugar donde está Él. El lugar que añoran los necesitados es la casa del Padre. El plan eterno de Dios es llevarnos a todos a su santa morada, su hogar, con nuestro perfecto Padre celestial.

El Padre lo conducirá hacia su hogar con cánticos. Pero no le va a obligar o forzar a que lo siga. La decisión es suya. Puede quedarse atrás,

"El deseo de los humildes oíste, oh Jehová; tú dispones su corazón, y haces atento tu oído. Para juzgar al huérfano y al oprimido, a fin de que no vuelva más a hacer violencia el hombre de la tierra" (Salmo 10.17-18).

"Tú lo has visto; porque miras el trabajo y la vejación, para dar la recompensa con tu mano; a ti se acoge el desvalido; tú eres el amparo del huérfano" (Salmo 10.14).

esclavo de su pasado, de sus remordimientos y sus agravios. O puede permitir que Él lo libere y lo guíe a la seguridad, la comunión y el gozo de su casa.

Algunas personas disfrutan la miseria del desierto. No quieren soltar su dolor, su resentimiento y su amargura. No están dispuestas a cambiar, no se quieren mover, no quieren soltar las cosas que las atan. No quieren asumir la responsabilidad por sus propias actitudes y acciones. En lugar de esto culpan a los demás por la situación en que se encuentran. Estas personas no quieren tomar las medidas necesarias para entrar a la intimidad de la casa del Padre.

Esta semana identificará y quitará las barreras que le impiden relacionarse con Dios como Padre. El Padre será fiel y hará su labor, pero usted debe hacer su parte. Debe reconocer su necesidad, llevar a Él sus temores y desilusiones, y entregarse a su paternidad.

Confirme cada enunciado que se aplique a usted ponga su inicial en el espacio previsto. Cuando termine, use el que haya escogido para hacer una oración al Padre.

_____ **Me cuesta trabajo relacionarme con Dios como Padre. Soy escéptico y estoy temeroso. Me envuelvo en la autosuficiencia y no permito que Dios sea mi Padre. Pero quiero quitar todas las barreras para ser vulnerable a Él.**

_____ **Reconozco que no siempre veo al Padre del modo correcto. Las experiencias de mi vida y mi propio pecado me lo impiden. Me comprometo a buscar liberarme de los pensamientos y las actitudes que impiden mi relación con el Padre. Necesito crecer en mi intimidad con Él.**

_____ **Reconozco que Dios es mi perfecto Padre celestial, y le doy permiso para que sea mi Padre y guiarme a su hogar.**

Día 2
Falsas creencias acerca del Padre

"He aquí, tú amas la verdad en lo íntimo, y en lo secreto me has hecho comprender sabiduría. Purifícame con hisopo y seré limpio; lávame, y seré más blanco que la nieve. Hazme oír gozo y alabanza" (Salmo 51.6-8).

Mi padre era alcohólico. Era muy distante emocionalmente. Siempre sentí que Dios el Padre era igual. Cuando Dios empezó a tocar mi corazón, quería y necesitaba el amor de Dios pero no podía confiar en Él. Debido a que no podía confiar en que mi propio padre llenara mis necesidades emocionales y espirituales en momentos críticos de mi vida, no podía confiar en Dios Padre tampoco.

Afortunadamente, el Espíritu Santo empezó a abrir mi corazón al gran amor de Dios. La cicatriz creada por la relación con mi padre la entiendo mejor y está sanando.

Jennifer

Frecuentemente vamos a una cabaña en un lago al norte de Canadá que pertenece a mis suegros. Me encanta ver a los somorgujos, un ave acuática que revolotea sobre el agua y luego se lanza con rapidez bajo la superficie para agarrar un pez.

A través de los años, se ha hecho una broma familiar a los niños más pequeños. Un papá, tío, o abuelo pone cara de preocupación, menea su cabeza con gravedad, y dice: "¡Tengan cuidado de los somorgujos, cazan en pares y se llevan a los niños pequeños!"

La abuela les ha dicho muchas veces que la historia es una broma. A los niños les gustan los somorgujos y se divierten viéndolos. También disfrutan el chiste.

La idea de que el somorgujo ataca y se lleva a los niños pequeños es un mito familiar. Aunque no es verdad, debido a que creen el mito, los niños huyen de los somorgujos. Cuando maduran y deciden creer la verdad que han oído de su abuela, empiezan a confiar en estas aves y ya no huyen.

Muchas veces, esta analogía se aplica a nosotros. Nuestras falsas creencias acerca del carácter del Padre motivan que lo evitemos. Sin embargo, al descubrir y creer las verdades y madurar, nuestra confianza en Él aumenta.

 Lea Efesios 4.14-15 en su Biblia. De acuerdo con el versículo 15, la verdad ¿qué nos ayuda a hacer?

_____

Lea Jeremías 9.3, 6 en el margen. Subraye por qué los hijos de Israel se sentían satisfechos al creer mentiras.

Cuando no buscamos la verdad —nos satisface vivir en la falsedad—, estamos rehusando conocer a Dios. Estamos en peligro de cambiar la verdad de Dios por mentiras. Satanás se complace cuando aceptamos mentiras. Satanás "no ha permanecido en la verdad, porque no hay verdad en él...es mentiroso y padre de mentira" (Juan 8.44). Quiere que creamos mentiras acerca de Dios el Padre.

Pero la verdad expone a la mentira (Efesios 5.8-13). En las últimas semanas hemos estado viendo verdades acerca de la paternidad de Dios. Ahora podemos analizar nuestras propias creencias y descubrir las áreas en donde estamos permaneciendo en la falsedad.

"No se fortalecieron para la verdad en la tierra; porque de mal en mal procedieron, y me han desconocido dice Jehová...su morada está en medio del engaño; por muy engañadores no quisieron conocerme, dice Jehová" (Jeremías 9.3, 6).

En la siguiente lista se exponen las verdades sobre Dios el Padre, que ha estudiado en las semanas pasadas. Encierre en un círculo el número que indique el grado de creencia o no creencia sobre esa verdad en particular. 0 - vivo como si no creyera en esa verdad y 5 - vivo como si la creyera totalmente.

Dios el Padre quiere una relación conmigo (semana 2)

Mi Padre me ama con amor eterno.	0–1–2–3–4–5
Mi Padre derrama su amor sobre mí.	0–1–2–3–4–5
Mi Padre es tierno y bueno conmigo.	0–1–2–3–4–5
Mi Padre está siempre conmigo.	0–1–2–3–4–5
Mi Padre es mi amigo.	0–1–2–3–4–5

Dios el Padre se dedica a mí (semana 3)

Mi Padre se deleita en mí.	0–1–2–3–4–5
Mi Padre es totalmente confiable.	0–1–2–3–4–5
Mi Padre me da dirección perfecta.	0–1–2–3–4–5
Mi Padre me corrige con amor y justicia.	0–1–2–3–4–5
Mi Padre es paciente conmigo y me perdona.	0–1–2–3–4–5

Dios el Padre me cuida (semana 4)

Mi Padre es fuerte y poderoso.	0–1–2–3–4–5
Mi Padre usa su fuerza para ayudarme.	0–1–2–3–4–5
Mi Padre me protege.	0–1–2–3–4–5
Mi Padre usa aflicciones para buenos propósitos en mi vida.	0–1–2–3–4–5
Si lo pido, mi Padre provee todo lo que necesito.	0–1–2–3–4–5

Sume. Obtendrá entre 0 y 75.

Si fue honesto, no obtuvo un total de 75. No creo que ninguno de nosotros vivamos como si creyéramos totalmente en las verdades acerca del Padre. Sin embargo, conocerlo debe ser nuestra meta continua. Mejore su relación con el Padre escogiendo creer.

Termine la lección de hoy confesando cada área en la que permanezca en falsedad. Pídale a Dios que lo perdone y que lo limpie, y que le dé espíritu de sabiduría y de revelación para que pueda conocerlo mejor.

"Que el Dios de nuestro Señor Jesucristo, el Padre de gloria, os dé espíritu de sabiduría y de revelación en el conocimiento de él" (Efesios 1.17).

"Aparta de mí el camino de la mentira, y en tu misericordia concédeme tu ley. Escogí el camino de la verdad; he puesto tus juicios delante de mí" (Salmo 119.29-30).

Día 3
Crea la verdad

Mi papá fue muy estricto y rudo. De niña le tenía miedo. No hablaba mucho y nunca sentí conocerlo muy bien. Tuve que perdonar a papá por las veces que me castigó injustamente. Tuve que perdonarlo por haberse desilusionado de que fui niña y no niño. Tuve que soltar mi amargura y los sentimientos de que nunca podría alcanzar sus expectativas.

La libertad del perdón es increíble. En lugar de tomar de forma personal todo lo que papá hace o dice, me puedo dar cuenta de que él tiene áreas donde necesita el toque del Padre. Puedo interactuar con él con compasión. Al hacerlo, estoy descubriendo que la relación tanto con mi padre terrenal como con mi Padre celestial es más de lo que yo había pensado que era posible.

Debbie

Los soldados romanos usaban túnicas hechas de grandes cuadros de tela con agujeros hechos para la cabeza y los brazos. Normalmente, la túnica colgaba holgadamente alrededor del cuerpo. Pero durante una batalla, una túnica suelta representaba un peligro latente. Por eso, cuando el soldado se preparaba para la batalla, se ajustaba la túnica y metía los pliegues fijamente bajo su ancho y pesado cinto de cuero. El cinturón guardaba todo en el lugar apropiado. Sin él, la espada y otros accesorios del soldado hubieran sido inaccesibles.

Una parte esencial de la armadura del cristiano es el cinto de verdad (Efesios 6.14). La verdad es la parte que mantiene la armadura del cristiano en su lugar. La verdad sostiene la vaina para la espada del Espíritu, que es la palabra de Dios. Sin el cinto de verdad tenemos obstáculos espirituales, no somos efectivos y estamos en peligro.

En 1 Pedro 1.13, Pedro dice: "Por tanto, ceñidos los lomos de vuestro entendimiento". Retomando la analogía de Pablo del soldado romano, a fin de estar listo para la batalla debe ajustar las partes "sueltas" de su mente que identificó ayer y meterlas bajo el cinto de verdad. Debe tomar sus falsas actitudes y creencias acerca del Padre y atarlas con la verdad para que no le estorben. Esta acción requiere una decisión consciente y un proceso continuo. El apóstol Pablo dice que se necesita llevar "cautivo [ceñido] todo pensamiento".

"Las armas de nuestra milicia no son carnales, sino poderosas en Dios para la destrucción de fortalezas, derribando argumentos y toda altivez que se levanta contra el conocimiento de Dios, y llevando cautivo todo pensamiento a la obediencia a Cristo" (2 Corintios 10.4-5).

Basándose en la Escritura en el margen, dé un ejemplo de un pensamiento que debería ceñir. ¿Cómo haría para que este pensamiento fuera obediente a Cristo?

> *"Santifícalos en tu verdad; tu palabra es verdad" (Juan 17.17).*

El Padre no nos obliga a obedecer la verdad. Aceptar o rechazar la verdad es una decisión nuestra. No quiere obediencia mecánica. Quiere que anhelemos la verdad en lo más profundo de nuestras vidas (Salmo 51.6), y que caminemos fielmente en la verdad (2 Juan 4; 3 Juan 3-4).

El rey David le suplicó a Dios que le mostrara la verdad (Salmos 25.4-5).

La verdad cuesta

¿Cómo puede conocer la verdad? De acuerdo con la Escritura:
- el Padre es verdad (Salmo 31.5),
- lo que el Padre dice es verdad (Salmo 119.160; Juan 17.17),
- el Hijo único del Padre es verdad (Juan 14.6), y
- el Espíritu que viene del Padre es verdad (Juan 14.17).

La verdad requiere estudiar y creer la verdad revelada en la Biblia.

El rey Salomón dijo a sus hijos: "Compra la verdad, y no la vendas; la sabiduría, la enseñanza y la inteligencia" (Proverbios 23.23). La verdad no está a la venta. Debe ser guardada como una posesión preciosa. Salomón se dio cuenta que adquirir la verdad toma tiempo y requiere esfuerzo. Martín Lutero, el gran reformador alemán, memorizó casi toda la Biblia. Charles Wesley, un poderoso evangelista, memorizó casi todo el Nuevo Testamento griego.

Evalúe su compromiso con la Palabra del Padre. Encierre en un círculo el número que represente el grado de cada una de las frases, que caracteriza su vida: (0 - nada; 5 - muy característico).

En relación con la Biblia yo:
la conozco	0–1–2–3–4–5
medito sobre ella	0–1–2–3–4–5
la memorizo	0–1–2–3–4–5
evalúo cada pensamiento teniendo como parámetro su autoridad	0–1–2–3–4–5

Últimamente, ¿ha memorizado algún versículo de la Escritura que le ayude a atar pensamientos falsos bajo el cinto de verdad? Sí No

> *"Envía tu luz y tu verdad; éstas me guiarán; me conducirán a tu santo monte, y a tus moradas. Entraré al altar de Dios, al Dios de mi alegría y de mi gozo" (Salmo 43.3,4).*

El esfuerzo que ha hecho para memorizar versículos de la Escritura durante este estudio puede indicar el nivel de su compromiso para guardar la Palabra de Dios en su corazón, a fin de poder moldear todos sus pensamientos y sus acciones conforme a la voluntad de Él (Salmo 119.11). Si memorizar la Escritura no es un hábito para usted, seleccione un versículo de la Escritura y memorícelo: medite sobre él de manera regular.

Sus pensamientos sobre el Padre comenzarán a cambiar en la medida en que haga un hábito guardar más y más la palabra de Dios en su corazón. Verá cómo la falsedad muere lentamente por la espada del Espíritu.

Adónde guía la verdad

👉 **En el versículo del margen, encierre en un círculo la frase que indique adónde guía la verdad.**

La verdad dirige hacia el lugar donde mora Dios. Nos guía lejos de la habitación de la falsedad y nos lleva directamente a la casa del Padre. Su casa es casa de Verdad. Su ciudad es "Ciudad de la Verdad" (Zacarías 8.3).

La verdad lleva a la libertad personal. Lea los versículos de Juan 8.

El Salmo 145.18 dice: "Cercano está Jehová a todos los que le invocan, a todos los que le invocan de veras". Para terminar la lección de hoy, haga un compromiso para invocar al Padre con la verdad. Si quiere, anote su plan en el margen. Por ejemplo, puede comprar una concordancia bíblica, apartar un momento del día para orar y meditar, escoger un pasaje para memorizar como Jeremías 31.3.

En las siguientes dos lecciones, identificará y erradicará las actitudes equivocadas que impiden su relación con el Padre celestial. Yo le animo a dedicarle más tiempo a estas lecciones.

"Si vosotros permaneciereis en mi palabra, seréis verdaderamente mis discípulos; y conoceréis la verdad, y la verdad os hará libres...De cierto, de cierto os digo: que todo aquel que hace pecado, esclavo es del pecado...Así que, si el Hijo os libertare, seréis verdaderamente libres" (Juan 8.31-32, 34, 36).

Día 4
Perdone a su padre terrenal

Mi padre tenía una ira violenta, feroz, dentro de sí. Como resultado, nos echaba maldiciones y golpeaba. Mis hermanas y yo fuimos víctimas de incesto, lo cual nos hizo experimentar sentimientos de traición, de abandono y de rechazo.

Le tengo mucho miedo a Dios Padre y también a mi padre terrenal. Tengo miedo de ser abandonada y rechazada, no puedo confiar en Él. Sigo buscando el significado de quién soy en Cristo como su amada hija.

Dianna

"Vestíos, pues, como escogidos de Dios, santos y amados, de entrañable misericordia, de benignidad, de humildad, de mansedumbre, de paciencia; soportándoos unos a otros, y perdonándoos unos a otros si alguno tuviere queja contra otro. De la manera que Cristo os perdonó, así también hacedlo vosotros. Y sobre todas estas cosas vestíos de amor, que es el vínculo perfecto" (Colosenses 3.12-14).

Ayer, aprendimos que la verdad nos lleva a la presencia del Padre y nos trae libertad personal. Pero aunque estemos expuestos a la verdad, a algunos de nosotros nos cuesta trabajo hacerla nuestra.

Una razón por la que nos cuesta trabajo introducir la verdad en nuestro interior, es el pecado en nuestras vidas. En la relación padre-hija/o, debido a que su padre es una persona tan importante en su vida, se toman muy en serio sus fallas, sean reales o percepciones inexactas. Y en su dolor y desilusión, cubre cada incidente con una capa de resentimiento auto-justificado.

Al paso de los años, se acumula capa sobre capa de falta de perdón. Luego llega a la edad adulta y encuentra que se acuesta sobre cientos de colchones, y no puede descansar porque siente la presencia de un guisante verde de falta de perdón que no lo deja descansar.

Hoy, persiga identificar los aspectos en los que la crianza de su padre fue contraria a la de Dios Padre. Identifique estos "guisantes" que lo llenan de amargura y resentimiento y le impiden avanzar hacia el perdón. Mañana se le pedirá que piense en las formas en que su padre lo bendijo con ejemplos positivos de paternidad. Sin embargo, en esta lección solo examinará incidentes de la paternidad que usted percibe como negativos.

Al continuar, tenga en cuenta que sus percepciones acerca del carácter o las motivaciones de su padre pueden ser incorrectas o incompletas. Dos hijos que crecieron con un mismo padre pueden tener percepciones muy diferentes acerca de él. Cómo "leamos" a nuestros padres depende de muchos factores, tales como qué numero de hija o hijo es según el orden en que nacieron usted y sus hermanos, el sexo, la edad, la personalidad y la comprensión de sus circunstancias.

Así que tome en cuenta que solo está considerando sus percepciones acerca de cómo fue su padre. No está juzgando si actuó en forma correcta o no. Va a examinar sus percepciones para poder quitar las barreras de su corazón que le impiden responder a la paternidad de Dios. Por favor entienda que no está haciendo esto para encontrar faltas o culpar a su padre terrenal.

Usted es responsable de las actitudes de su corazón. Aunque su padre u otros hayan pecado contra usted, su actitud es su propia responsabilidad. Tal vez fue imposible que usted controlara lo que sucedió, pero hoy sí es responsable de escoger cómo va a responder a ello. Puede escoger perdonar, o puede escoger permitir que se siga acumulando el resentimiento y la amargura en su vida, haciéndose vulnerable a la decepción.

Si su experiencia con su padre fue muy dañina (como abuso sexual o comportamiento adictivo), puede ser que necesite consejería más allá de lo que abarca este libro para llegar al lugar de sanidad y perdón. Póngase en contacto con su pastor, otro líder de la iglesia, su maestro de Escuela Dominical, consejero cristiano, o un cristiano de confianza para pedir dónde puede encontrar ayuda. Por favor haga esa llamada ahora.

Los siguientes pasos de perdón tienen la intención de ayudarlo a quitar las barreras que le impiden relacionarse con Dios como Padre. Use hojas de papel y su agenda de oración para contestar.

Paso 1: Identifique las áreas en las que percibe pérdida o daño.
- Incluya temas generales y ejemplos específicos (como: Papá, me hubiera gustado que hubieras tenido tiempo para mí. Papá me hubiera gustado que me hubieras felicitado cuando estuve en el cuadro de honor. Papá, me hubiera gustado que hubieras sido fiel a mamá).
- Escriba todo lo que se le venga a la mente y que haya sido una barrera entre ustedes. Sea honesto, no obstante el dolor.

Paso 2: Identifique los efectos que estas experiencias tuvieron en su vida. Explique cómo estas experiencias le afectaron:
- La manera cómo se siente respecto de usted (Me siento indigno de ser amado... Me siento incompetente...Me siento inseguro).
- La manera cómo se siente respecto de su padre (Estoy enojado con él... Me siento traicionado...Me pongo triste cuando pienso en él).
- La manera cómo se siente acerca de Dios el Padre (No es posible que Dios me ame... Dios no es digno de confianza).

Paso 3: Perdone a su padre. Escríbale una carta a su padre, perdonándolo por las cosas que acaba de identificar (No le entregará esta carta).
- Diríjala a su padre. Querido papá (o como lo llame)...
- Perdónelo por las cosas que anotó en el paso 1. Anote cada cosa específicamente. (Papá, te perdono por haberme culpado de robar el dinero de tu cartera cuando en realidad no lo hice. Papá, te perdono por haberte burlado de mi cuerpo en desarrollo).
- Dígale cómo estas cosas le afectaron. Haga una lista de todas las emociones que anotó en el paso 2. (Porque te burlaste de mí, me sentí torpe, gordo, feo ...).
- Reconozca que él también necesita un Padre y libérelo de la responsabilidad de ser un padre perfecto para usted. (Papá, sólo Dios es el Padre perfecto, así que te libero de la responsabilidad de ser un padre perfecto para mí).
- Termine y firme la carta.

Paso 4: Lea la carta a una amiga de confianza o en voz alta.
- La Biblia dice que debemos confesar nuestros pecados los unos a los otros y orar unos por otros para ser sanados (Santiago 5.16). Pídale que ore por usted mientras experimente el perdón. Pídale que ore por su sanidad. Si no puede leer la carta a alguien, léala en voz alta.

Paso 5: Cancele la deuda.
Cancele la deuda que le debe su padre escribiendo CANCELADO

"Y ante todo, tened entre vosotros ferviente amor; porque el amor cubrirá multitud de pecados" (1 Pedro 4.8).

con letras grandes sobre la (s) página(s) que ha leído. Luego queme la carta o rómpala en pedazos pequeños y tírela.

Paso 6: Recuerde que la deuda ha sido cancelada.

Por muchos años, cada mes escribía un cheque al banco para la hipoteca. Un día, pagamos nuestra deuda y cancelamos la hipoteca. Pero al mes siguiente, por puro hábito, empecé a escribir otro cheque. Por un tiempo, cada mes tuve el impulso de hacer lo mismo. Cada vez me recordaba a mí misma que la hipoteca sobre nuestra casa ya no existía. Así, poco a poco este sentimiento desapareció.

No se desanime cuando viejos hábitos o pensamientos tardan en ser sustituidos por nuevos. Pueden recurrir aun cuando cree que ya los ha olvidado. Continúe practicando la disciplina de llevar todo pensamiento cautivo.

Cuando tenga un pensamiento que es contrario a lo que usted sabe que es verdad, tómelo y póngalo con firmeza bajo su cinto de la verdad. Recuerde porciones específicas de la Escritura o principios bíblicos que haya memorizado. Si continúa recordando la verdad, los pensamientos malos gradualmente cesarán.

Día 5
Bendiga a su padre terrenal

"Por tanto, de la manera que habéis recibido al Señor Jesucristo, andad en él; arraigados y sobreedificados en él, y confirmados en la fe, así como habéis sido enseñados, abundando en acciones de gracias"
(Colosenses 2.6-7)

Papá asistió a cada uno de mis eventos de atletismo. Al prepararme, buscaba su cara en las gradas, nada más para cerciorarme de que estaba allí. Oía sus gritos cuando cruzaba la meta. Una vez, cuando caí y me torcí el tobillo a la mitad de una carrera, corrió desde las gradas, me cargó con ternura al auto y me llevó al centro médico.

Este ejemplo les muestra una faceta amante y maravillosa de mi papá. Pero a mi papá muchas veces le ganaba el temperamento irlandés. A veces decía o hacía cosas que me lastimaban. Pero lo he perdonado. Me gusta centrarme en sus puntos buenos, aquellos que son como los de mi Padre celestial. A pesar de algunos defectos, mi papá me dio un fundamento sólido desde el cual puedo confiar y conocer a Dios como Padre.

Bonnie

La Biblia es clara sobre la responsabilidad de los hijos hacia los padres. Mientras se permanezca bajo el techo paterno, los debemos obedecer (Efesios 6.1). Pero nuestra responsabilidad hacia nuestros padres no termina cuando crecemos. Debemos respetarlos y honrarlos durante toda la vida.

"Honrarlos" significa tenerlos por dignos, reconocerlos, alabarlos. Honrar a sus padres significa reconocer la contribución que hicieron a su vida, tenerlos por dignos, alabarlos, cuidar de ellos. Honrar a los padres es uno de los Diez Mandamientos (Éxodo 20.12). Este mandamiento era tan importante para los israelitas que castigaban la violencia física o verbal hacia los padres matando al hijo ofensor (Éxodo 21.15, 17).

Honrar a los padres es el primer mandamiento con promesa: "para que te vaya bien, y seas de larga vida sobre la tierra" (Efesios 6.2-3). Así que, honrar a los padres no solo los beneficia a ellos sino a nosotros también.

Honrar a nuestros padres es una manera de poner en práctica nuestra fe (1 Timoteo 5.4). Según la Biblia, el padre no tiene que ser "bueno" para recibir honra. El hijo piadoso lo honra por el simple hecho de que es su padre y hacerlo es lo correcto ante los ojos de Dios.

Estos versículos ilustran diferentes maneras en que un adulto puede honrar a sus padres.
❏ **exhortándolo (1 Timoteo 5.1)**
❏ **trayéndole alegría (Proverbios 10.1)**
❏ **dándole nietos (Proverbios 17.6)**
❏ **oyéndolo (Proverbios 23.22)**
❏ **proveyendo para sus necesidades (Mateo 15.3-6)**

Honrar a su padre terrenal le ayudará a quitar las barreras que obstaculizan su relación con Dios Padre. Hoy lo honrará al identificar las contribuciones positivas que hizo para su vida.

Marque las formas en que su padre contribuyó a su vida.
❏ **estuvo presente (por lo menos parte del tiempo)**
❏ **amó a mi mamá**   ❏ **era el líder de nuestra familia**
❏ **me amó a mí**   ❏ **se preocupaba por mi bienestar**
❏ **me protegía**   ❏ **proveyó económicamente para mí**
❏ **me disciplinó**   ❏ **reafirmó mi carácter**

Mi padre fue ejemplo o me enseñó los siguientes valores:
❏ **un sentido del bien y el mal**   ❏ **fidelidad a los compromisos**
❏ **integridad**   ❏ **dedicación**
❏ **estabilidad**   ❏ **responsabilidad**
❏ **autodisciplina**   ❏ **autocontrol**
❏ **respeto a la autoridad**   ❏ **hacer el mejor esfuerzo**

❏ un sentido del deber
❏ honestidad
❏ terminar lo que se empieza
❏ sentido de equidad
❏ el valor de la superación personal
❏ amor por la patria
❏ valentía
❏ sentido del humor

Mi padre fue ejemplo de estas virtudes:
❏ perdón
❏ compasión
❏ generosidad
❏ ánimo
❏ sensibilidad
❏ sabiduría
❏ organización
❏ responsabilidad cívica
❏ bondad
❏ lealtad
❏ ayuda
❏ paciencia
❏ tener consideración de otros
❏ humildad
❏ responsabilidad económica
❏ interés comunitario

Piense en habilidades específicas que le haya enseñado su padre (a pescar, patinar, andar en bicicleta) y haga la lista en el margen.

 Escriba una carta a su padre dándole gracias por las contribuciones positivas que hizo a su vida.
- El propósito de esta carta es bendecir u honrar a su padre. No hablar de nada negativo, solo lo positivo.
- Consulte las listas anteriores para mencionar cosas específicas.
- Agradézcale, si puede, por las cosas buenas que le enseñó sobre la paternidad de Dios.
- Corrija la carta buscando que sea positivo y no contenga implicaciones negativas. Si es necesario vuélvala a escribir.
- Cuando termine la carta a su entera satisfacción, léala, mándela o désela a su padre. Si su padre ha muerto o no sabe dónde está léala a una amiga o amigo.

La conocida conferencista y escritora Elisabeth Elliot dijo una vez: "Siempre es posible agradecer lo recibido y no estar resentido por lo que no se recibió. Una u otra cosa se convierte en un estilo de vida". ¿Cuál estilo de vida ha escogido con respecto a su padre?

Pídale al Padre su ayuda para honrar a su padre terrenal en maneras que den como resultado la honra a Dios.

Semana 6
En la casa de mi Padre

Resumen de la semana 6
Esta semana
- localizará la casa del Padre;
- explicará el único camino a la casa del Padre;
- dirá el nombre familiar y la identidad de aquellos que viven en su casa;
- expresará su gozo en la presencia del Padre;
- desarrollará una pasión por vivir en la casa del Padre.

Versículo para memorizar
"Una cosa he demandado a Jehová, ésta buscaré; que esté yo en la casa de Jehová todos los días de mi vida, para contemplar la hermosura de Jehová, y para inquirir en su santo templo" (Salmo 27.4).

Lecciones de esta Semana
Día 1: La casa de mi Padre
Día 2: Como el Padre, así el Hijo
Día 3: Los hijos de mi Padre
Día 4: El gozo de su casa
Día 5: Tu Hogar con el Padre

Mi familia vive en un área que experimenta un auge en la construcción. Un pasatiempo de fin de semana de los residentes es visitar las docenas de casas modelo. Nos gusta ver lo último en la decoración y el amueblado, pero obviamente estas casas son solo muestras. No tienen el sello de que alguien las habite: no hay fotos sobre el piano, ni dibujos con crayones en el refrigerador. No encontrará equipo deportivo en la bodega o ropa doblada sobre la secadora. Estas casas no tienen el toque personal que indique la personalidad o característica de sus dueños.

Esta semana exploraremos la casa del Padre. Su casa refleja su carácter y personalidad: El Padre se relaciona, se dedica a usted y es solícito. ¿Dónde está la casa? La casa del Padre es el lugar donde mora. Su morada eterna está en el cielo. El cielo será un lugar de reunión familiar donde nos encontraremos a todos nuestros hermanos y hermanas en Cristo de todo el mundo. Además nos arrodillaremos a los pies de Jesús, que hizo posible que llegáramos allí.

Pero no tenemos que esperar hasta llegar al cielo para experimentar la presencia del Padre. Él es omnipresente, se encuentra en todo lugar siempre. Sabemos que mora en el corazón de cada creyente. Así que, aunque esperamos con ansia llegar al cielo, podemos disfrutar su presencia ahora. Venga conmigo ¡Entremos a la casa del Padre!

Día 1
La casa de mi Padre

"Yo me alegré con los que me decían: a la casa de Jehová iremos" (Salmo 122.1).

Mi padre era un gran narrador de cuentos. Contaba historias de cuando era un niño campesino en el sur de Saskatchewan y, ya mayor, manejaba una grúa y trabajaba como taxista. De todo lo que decía mi papá, lo que más recuerdo no son las historias, sino que decía: "Sabes que siempre tendrás un hogar aquí". Al pasar los años, sin importar los errores que hubiera yo cometido, sabía que si las circunstancias se volvían difíciles, siempre podía irme a casa.

Sharon

Imagine la casa de sus sueños. ¿Cómo es? ¿Es una plantación? ¿Es una cabaña en el bosque? ¿Una villa en el Mediterráneo? ¿Una gran casa de rancho? ¿Un condominio urbano? ¿Un palacio?

La palabra casa en la Biblia tiene tres significados principales. La primera y más obvia es la estructura física en que una persona habita. Incluye todo tipo de moradas, desde un palacio o templo hasta una casa privada o aun una tienda de campaña.

La palabra "casa" también significa la genealogía de una familia. La "casa de Israel" se refiere a todos los descendientes de Jacob, los miembros de la nación judía (Éxodo 40.38). Cada uno de los 12 hijos de Jacob tenía un emblema o bandera que representaba su casa, similar al escudo familiar que representa el nombre de la familia.

Por último, casa significa dominio, el reinado o influencia de una persona o cosa, tal como "casa de servidumbre" (Éxodo 13.3), "casa rebelde" (Ezequiel 3.9), o "casa de luto" (Jeremías 16.5).

La casa de Dios

Uno de los usos bíblicos más significativos de la palabra casa es en referencia a la casa de Dios. Jesús nos habló acerca de la casa de su Padre (Juan 14.2). En este pasaje la palabra casa se refiere al lugar literal donde mora el Padre.

La casa de Dios también se refiere a la línea familiar del Padre: sus hijos, que son la iglesia de Dios. Además se usa para describir el dominio del Padre, su lugar de reinado o influencia. Aunque no podemos localizar este lugar en un mapa, sabemos que la casa de Dios es el lugar donde Dios hace su morada, cualquier lugar donde mora Dios.

"Jehová, la habitación de tu casa he amado, y el lugar de la morada de tu gloria" (Salmo 26.8).

Lea el Salmo 26.8 en el margen. Según David, ¿dónde está la casa donde mora el Padre?

Semana 6: En la casa de mi Padre

Lea Isaías 57.15 en el margen. Subraye cómo describe Isaías la casa de Dios y aquellos que viven allí.

Es sus propias palabras ¿qué rasgos de personalidad del Padre y de sus hijos serán más evidentes en la casa del Padre?

Aquí hay más descripciones de la casa del Padre. Al leerlas, marque las que más le gusten.

"Porque así dijo el Alto y Sublime, el que habita la eternidad, y cuyo nombre es el Santo: Yo habito en la altura y la santidad, y con el quebrantado y humilde de espíritu, para hacer vivir el espíritu de los humildes, y para vivificar el corazón de los quebrantados" (Isaías 57.15).

La casa del Padre es un lugar de:
- fuerza, gozo, esplendor y majestad (1 Crónicas 16.27).
- seguridad (Salmo 27.5).
- inclusión de personas de todas las clases sociales (Salmo 36.7-9).
- comunión (Salmo 55.14).
- bondad (Salmo 65.4).
- gratitud (Salmo 116.17-19).
- adoración (Salmo 132.7).
- canción (Salmo 135.2-3).
- aprendizaje (Isaías 2.2-3).
- oración (Isaías 56.7).

Florecemos en su casa

Este año, mi esposo y yo hemos estado hablando sobre los beneficios de mudarnos de nuestra casa ubicada en un barrio a una casa en el campo. La consideración principal, y el centro de la discusión, se refiere a que si el cambio será benéfico para nuestros hijos. Queremos vivir en un lugar donde nuestros hijos florezcan.

La casa del Padre es un lugar donde sus hijos florecen. Lea los Salmos en el margen. Encierre en un círculo las frases que indiquen cómo florece el hijo de Dios en la casa del Padre.

Encerró en un círculo frases como un olivo, una palmera o un cedro; estas indican cómo florece el hijo de Dios en la casa del Padre. Su abundancia sacia por completo, se bebe del torrente de sus delicias siempre y se es fructífero, conservando la frescura y el verdor.

Es importante el simbolismo del árbol. El Padre planta a sus hijos en el monte de su heredad para que echen raíces profundas y florezcan (Éxodo 15.13, 17). La palmera es símbolo de victoria o triunfo. El cedro es notable por su fragancia. El olivo crece por siglos, es duradero y

"Serán completamente saciados de la grosura de tu casa, y tú los abrevarás del torrente de tus delicias. Porque contigo está el manantial de la vida; en tu luz veremos la luz" (Salmo 36.8-9).

"Pero yo estoy como olivo verde en la casa de Dios" (Salmo 52.8).

"El justo florecerá como la palmera; crecerá como cedro en el Líbano. Plantados en la casa de Jehová, en los atrios de nuestro Dios florecerán. Aun en la vejez fructificarán; estarán vigorosos y verdes" (Salmo 92:12-14).

"Y oí una gran voz del cielo que decía: He aquí el tabernáculo de Dios con los hombres, y él morará con ellos, y ellos serán su pueblo, y Dios mismo estará con ellos como su Dios. Enjugará Dios toda lágrima de los ojos de ellos; y ya no habrá muerte, ni habrá más llanto, ni clamor, ni dolor, porque las primeras cosas pasaron. Y el que estaba sentado en el trono dijo:... Al que tuviere sed, yo le daré gratuitamente de la fuente del agua de la vida. El que venciere heredará todas las cosas, y yo seré su Dios, y él será mi hijo" (Apocalipsis 21.3-7).

fructífero, su rama simboliza paz y amistad y su fruto es una fuente importante de aceite.

A continuación marque las formas en que Dios permite que usted florezca (crezca y dé fruto).

- ❏ est. bíblico
- ❏ sermones
- ❏ el regalo del Espíritu Santo
- ❏ adoración
- ❏ ayuno
- ❏ comunión cristiana
- ❏ oración
- ❏ su disciplina
- ❏ ejemplos de fe
- ❏ meditación
- ❏ servicio
- ❏ música de alabanza

Ahora y todavía no

La promesa de estar con el Padre en el cielo acerca y motiva a sus hijos. El cielo es el anhelo más profundo en el corazón del cristiano. Es la razón de nuestro clamor, esperanza, perseverancia y será nuestra corona. Clamamos "Abba", pero no estaremos completamente satisfechos sino hasta que lo veamos cara a cara, y Él limpie toda lágrima de nuestros ojos. Lea Apocalipsis 21.3-7 en el margen.

Un día, veremos a Dios en el cielo. Pero hoy podemos entrar a su casa al acercarnos a Él en nuestros corazones.

Su casa es hermosa, es la casa de sus sueños, representa todo lo que usted ha deseado y más. Aunque tiene una belleza increíble, la belleza real radica en la presencia de Dios, su Hijo y sus hijos. Todo lo demás palidece en significado. Él nos invita a entrar y disfrutar.

Escriba qué es lo que más le llama la atención de estar en la casa del Padre.

Día 2
Como el Padre, así el Hijo

"El cual, siendo el resplandor de su gloria, y la imagen misma de su sustancia" (Hebreos 1.3).

Si el auto de mi padre estaba en el garaje cuando llegaba yo de la escuela, sabía que el resto del día transcurriría relativamente bien. Estaría malhumorado e irritable, pero si llegaba temprano indicaba que no estaba ebrio. Si no estaba el auto, eso indicaba que había ido al bar con sus amigos del trabajo. Esas tardes, al transcurrir la cena, veía la aprensión en el rostro de mi madre. Me mandaba a mi recámara mucho antes de la hora de dormir, para que yo no presenciara el regreso de mi papá a la casa. Pero siempre oía. Rompía y tiraba cosas, a veces golpeaba a mamá. Yo me escondía en el clóset o bajo las cobijas, tratando de ahogar el ruido.

De algún modo logramos sobrevivir aquellos años. Cuando vine a la fe, yo sentía que podía relacionarme con Jesús, el tierno y bondadoso sanador que me había dado la vida, pero no con el Padre, a quien yo percibía como enojado y crítico. Mis percepciones sobre Dios han empezado a cambiar lentamente. Estoy empezando a creer lo que Jesús dijo acerca de su Padre, en lugar de basarme en mi experiencia con mi padre terrenal.

Julie

Lance, un amigo cristiano, encontró hace poco a su padre biológico, que los había abandonado a él y a su madre hacía 30 años. El padre no había tenido contacto con Lance desde que este era un niño que apenas empezaba a caminar; Lance casi no lo recordaba. Después de verlo, expresó: "¡Es incomprensible, como si estuviera viéndome en un espejo! Me parezco a él, tenemos los mismos gustos y aversiones. ¡Hasta los mismos modos!"

A veces un hijo se parece tanto a un padre que nos preguntamos si acaso solo recibió los genes del progenitor. Decimos: "Tiene los ojos de su padre o el cabello de su madre", "tiene un genio como el de su abuelo o ama la música como su abuela".

El reflejo de su imagen

Jesús se parece a su Padre. Él es la "imagen" del Padre (2 Corintios 4.4). El parecido es tan fuerte que se dice que es "la imagen misma de su sustancia" (Hebreos 1.3). Ningún humano ha visto al Padre (Juan 5.37; 6.46). Pero como Jesús es la imagen exacta del Padre, podemos conocer al Padre viendo a Jesús.

Lea Juan 14.9 en el margen. Al ver a Jesús, ¿a quién veía Felipe?

_____

"Jesús le dijo: ¿Tanto tiempo hace que estoy con vosotros, y no me has conocido Felipe? El que me ha visto a mí, ha visto al Padre; ¿cómo, pues, dices tú: Muéstranos el Padre?" (Juan 14.9).

Jesús tiene la misma personalidad y los mismos atributos que el Padre. El Padre es Santo, también Jesús. El Padre es fiel y justo, Jesús también lo es. El Padre es misericordioso, también Jesús.

En la siguiente lista se enumeran algunos rasgos de personalidad que observamos en la vida de Jesús. Si cree que algunos de esos rasgos reflejan al Padre, márquelos.
- ❑ Tiene compasión por los perdidos (Mateo 9.36).
- ❑ Juzga la incredulidad y a los que rechazan la verdad (Mateo 11.20-24).
- ❑ Es manso (Mateo 11.29).
- ❑ Usa su fuerza para servir (Mateo 20.28).

- ❏ Perdona pecados (Lucas 7.48).
- ❏ Tiene a la mujer y al hombre en alta estima (Lucas 13.16).
- ❏ Se conmueve por el sufrimiento de sus amigos (Juan 11.33).
- ❏ Tiene un gran amor por la gente (Juan 15.9).
- ❏ Se preocupa por nosotros y cuida de sus amigos (Juan 15.15).
- ❏ Nos anima a orar (Juan 15.16).

¿Marcó todas las frases? La personalidad de Jesús revela la personalidad del Padre.

Obedecer su voluntad

En tiempos bíblicos, la mayoría de los hijos seguía el negocio de su padre. Como José, el esposo de María, era carpintero, Jesús aprendió a ser carpintero. Pero cuando llegó la hora, Jesús dejó la profesión de su padre terrenal y siguió la vocación de su Padre, Dios. Jesús imitó todo lo que hacía su Padre Dios.

"Respondió entonces Jesús, y les dijo: De cierto, de cierto os digo: No puede el Hijo hacer nada por sí mismo, sino lo que ve hacer al Padre; porque todo lo que el Padre hace, también lo hace el Hijo igualmente. Porque el Padre ama al Hijo, y le muestra todas las cosas que él hace" (Juan 5.19-20).

Lea Juan 5.19-20 en el margen. ¿Le sorprende que Jesús dijera que no podía hacer nada por sí mismo? (Marque) Sí   No

¿Se da cuenta que todo lo que hizo Jesús cuando estuvo en la tierra fue algo que había visto a su Padre hacer, o algo que su Padre le mandó que hiciera? Jesús estaba bajo la autoridad del Dios soberano. Él, a su vez, hablaba con autoridad porque hablaba de parte de Dios. En Juan 20.21, Jesús dijo: "Como me envió el Padre, así también yo os envío".

Jesús le preguntó a los judíos que lo querían apedrear: "¿Al que el Padre santificó y envió al mundo, vosotros decís: Tú blasfemas, porque dije: Hijo de Dios soy? Si no hago las obras de mi Padre, no me creáis" (Juan 10.36-37). Sus hechos indicaban que era Hijo de Dios.

Conocer su corazón

Jesús dijo: "Así como el Padre me conoce, y yo conozco al Padre" (Juan 10.15). La palabra "conocer" indica una relación íntima y personal entre la persona que conoce y la que es conocida.

La relación entre Padre e Hijo va más allá que la de amigos. Es más profunda que la más íntima de las relaciones humanas, la de esposo y esposa. Jesús la describió de esta manera: "Yo y el Padre uno somos" (Juan 10.30), "El Padre está en mí, y yo en el Padre" (Juan 10.38), "Tú, oh Padre, en mí, y yo en ti" (Juan 17.21).

"Padre justo, el mundo no te ha conocido, pero yo te he conocido, y éstos han conocido que tú me enviaste. Y les he dado a conocer tu nombre, y lo daré a conocer aún, para que el amor con que me has amado, esté en ellos, y yo en ellos" (Juan 17.25-26).

Lea Juan 17.25-26 en el margen y marque los siguientes enunciados como verdaderos (V) o falsos (F).

____ Jesús es el único que realmente conoce al Padre

____ Solo podemos llegar a conocer al Padre conociendo al que realmente lo conoce: Jesús, su Hijo.

Conocer el camino a casa

 **Lea Juan 14.1-6.**

Dios envió a su Hijo para restablecer una relación con el Padre que fue rota por el pecado. Un día tendremos comunión con Él cara a cara en la casa de Dios. Pero no tenemos que esperar hasta la muerte para disfrutar esta relación. Llegamos a ser parte de la familia de Dios en el momento en que nos encontramos con Jesús. Conocer a Jesús no es la meta final del cristianismo. La meta es conocer al Padre a través de Jesús.

 Lea Juan 6.44-45 en el margen. ¿Quién hace la invitación para que usted venga a la casa del Padre?

_____

"Ninguno puede venir a mí, si el Padre que me envió no le trajere; y yo le resucitaré en el día postrero. Escrito está en los profetas: Y serán todos enseñados por Dios. Así que, todo aquel que oyó al Padre, y aprendió de él, viene a mí" (Juan 6.44-45).

¿Ha aceptado su invitación? (Marque) Sí No

Si no, ¿estaría dispuesto a aceptarlo? En sus propias palabras, dígale a Dios que se arrepiente de sus pecados y pídale perdón. Dígale a Dios que acepta la muerte de Jesús en la cruz como el sacrificio por sus pecados e invítelo a ser el Señor de su vida. Déle gracias a Dios por su perdón y por hacerlo parte de su familia como hijo de Dios.

Ahora, cuéntele a alguien de su grupo acerca de su decisión. ¡Bienvenido a la familia!

"Yo les daré lugar en mi casa y dentro de mis muros, y nombre mejor que el de hijos e hijas; nombre perpetuo les daré, que nunca perecerá" (Isaías 56.5).

Día 3
Los hijos de mi Padre

Cada dos o tres meses, mi papá y yo salíamos solos. Ibamos a un restaurante y pasábamos un tiempo juntos platicando. Al crecer, el tema de conversación cambió de la escuela y las amigas a la carrera profesional, los muchachos y el matrimonio. Mi papá reafirmaba mi femineidad. Me ayudó a aprender a pensar por mí misma, a expandirme, a crecer y ser fuerte. Me trataba con respeto y esperaba que yo no me conformara con un hombre que no me tratara igual. Mi padre terrenal forjó en mí un sentimiento fuerte de dignidad personal e identidad. Por eso, en mi relación con mi Padre celestial, yo esperaba (y descubrí) que Él también me amaba y me valoraba como su hija.

Jenny

La tía de mi esposo es la historiadora de la familia. Cuando hay un nacimiento, una boda, o una muerte en la familia, ella pone las fotografías y la información en un álbum de piel. El registro empieza con Lazar Kassian, el bisabuelo de mi esposo, que emigró al oeste de Canadá, desde Ucrania. Mi esposo y sus hijos llevan su nombre. Las fotos del álbum indican que tienen un gran parecido.

Los nombres son importantes, nos distinguen de otras personas y otras familias. Un nombre ayuda a formar y moldear lo que somos. Los padres escogen con cuidado los nombres pensando en que sean atractivos o por el significado del nombre. Pueden llamar a su hija Esperanza pero no le pondrían Desesperación.

El nombre de familia

Cuando Dios envió a su Hijo, Jesús vino en el nombre del Padre (Juan 5.43). El Padre le dio a Jesús un nombre sobre todo nombre. En su nombre somos salvos (Hechos 4.12).

En el Antiguo Testamento, el nombre del Señor era invocado sobre la nación judía (Deuteronomio 28.10; 2 Crónicas 7.14). El templo judío era el lugar que Dios eligió y santificó para que estuviera su nombre siempre en él y sus ojos y sus oídos siempre estuvieran allí (2 Crónicas 7.16).

A través de su Hijo, Dios extendió los límites de su casa para incluir a gente de todas las naciones. Ahora no vive en templos hechos por manos humanas. A través de su Santo Espíritu, vive dentro de sus hijos. Y sus ojos y su corazón están siempre con ellos.

 El libro de Apocalipsis relata la visión que Juan tuvo del cielo. Lea Apocalipsis 14.1 en el margen. ¿Qué tienen los hijos de Dios escrito en sus frentes?

"Después miré, y he aquí el Cordero estaba en pie sobre el monte de Sion, y con él ciento cuarenta y cuatro mil, que tenían el nombre de él y el de su Padre escrito en la frente" (Apocalipsis 14.1).

_____

En el cielo, tendrá escrito el nombre de Dios y el nombre de Jesús. Pero aun hoy, puede reclamarlo como suyo. Nuestro Padre derrama su amor sobre usted y le llama su hijo. Ese es su nombre.

Cuando lo mira el Padre celestial, no ve nombres como Culpable, Herido, Desechado, Solitario o Temeroso. No. Él lo ha adoptado y ha cambiado su nombre, le ha dado una nueva identidad. Es su hijo.

El parecido familiar

No sólo tenemos el nombre de Dios y de Jesús, también se nos invita a portar el parecido familiar. Pablo escribió: "Sed, pues, imitadores de Dios como hijos amados" (Efesios 5.1).

Piense en la lección de ayer. ¿Quién es el mejor imitador del Padre?

_____

Jesús es la representación perfecta de lo que es el Padre. El Padre nos "predestinó para que [fuésemos] hechos conforme a la imagen de su Hijo, para que él sea el primogénito entre muchos hermanos" (Romanos 8.29). Esto significa que el Padre quiere que, como hijos adoptivos, nos parezcamos más y más a Jesús.

Los apóstoles entendieron que ser como el Padre significaba parecerse más a su Hijo. Pedro dijo que Jesús nos dejó ejemplo para que siguiéramos sus pisadas (1 Pedro 2.20-21). Juan dijo que cualquiera que conoce a Dios debe andar como Jesús anduvo (1 Juan 2.6).

Jesús se deleitaba en obedecer a su Padre. Pasaba mucho tiempo hablándole en oración. Amaba a su Padre y estaba seguro que su Padre lo amaba a Él. Amaba a la gente porque su Padre lo amaba a Él.

Su Padre quiere que usted se parezca a su familia conformándose a los mismos pensamientos, actitudes y comportamiento que tuvo Jesús. En el cielo "seremos semejantes a él, porque le veremos tal como él es" (1 Juan 3.2). Aunque no obtendremos la perfección en esta tierra, Jesús nos animó a buscarla (Mateo 5.48). Ser imitadores del Padre debe ser el anhelo de todos sus hijos.

En qué aspectos cree que se parece a su Padre y a Jesús. Anótelos en el margen. Pídale a su Padre que lo ayude a parecerse más a Él y escriba las formas en que lo quiere imitar. Pídale a Dios que sea su ayudador y guía al buscar agradarlo.

Día 4
El gozo de su casa

Si consideramos la grandeza de las promesas y la naturaleza increíble de las recompensas prometidas en los evangelios, parecería que nuestro Dios no considera nuestros anhelos demasiado fuertes, sino demasiado débiles. Somos criaturas de corazón frío, jugando con el alcohol, el sexo y la ambición cuando se nos está ofreciendo gozo infinito. Somos como un niño que prefiere hacer pasteles de lodo en los barrios bajos porque no se puede imaginar lo que le ofrecen al invitarlo a unas vacaciones en la playa. ¡Se nos complace con demasiada facilidad!

C.S. Lewis

"Me mostrarás la senda de la vida; en tu presencia hay plenitud de gozo; delicias a tu diestra para siempre" (Salmo 16.11).

Dios vive en una casa llena de gozo, y quiere que esté llena de niños gozosos.

El deseo de la felicidad motiva mucho de lo que hacemos. Por naturaleza los humanos son buscadores de placer. Algunos cristianos piensan que la miseria es una virtud y el placer un vicio carnal. La Biblia nos ordena buscar el mayor placer posible (Lea Salmo 37.4).

El problema que tiene el placer, como señaló C.S. Lewis, no es que lo busquemos, sino que no lo hagamos. Nuestro deseo es demasiado débil. Somos criaturas de corazón frío, nos conformamos con lo que nos trae un gozo pasajero en lugar de buscar un gozo abundante y eterno. Dios vive en una casa llena de gozo, y quiere que esté llena de hijos gozosos. La felicidad y el gozo son diferentes. La felicidad describe un sentimiento, no un valor bueno o malo. Una persona puede sentirse feliz sin importar lo que cause esa sensación. Una persona puede estar feliz porque ganó la lotería, otra porque donó una importante cantidad para combatir el hambre mundial.

El gozo nace por esperar o adquirir algo bueno. Está anclado al valor de lo que se recibe. Por ejemplo, un cristiano puede experimentar gozo por trabajar en un comedor donde se regale comida en un barrio bajo. Saber que su servicio satisface una necesidad le ocasiona una sonrisa; hace lo que a otros les provocaría depresión.

Estar gozoso no es lo mismo que estar feliz, pero sí lo incluye. Una persona puede estar gozosa sin estar feliz. Pero la persona que está feliz, sentirá también gozo.

El gozo es duradero, la felicidad pasajera. Considere el placer que causa el sexo ilícito. La felicidad separada del gozo es tan pasajera y engañosa que en comparación no es felicidad tampoco. La felicidad más profunda se encuentra donde está el mejor bien. Y el bien más profundo se encuentra en Dios.

Una trinidad gozosa

La Biblia muchas veces muestra al Padre como gozoso. El Padre se deleita en su Hijo (Isaías 42.1) y en sus hijos (Sofonías 3.17). Se goza con su creación (Génesis 1.31) y en su plan de redención (Lucas 12.32). Como su Padre, Jesús se gozó, muchas veces estuvo en bodas o reuniones sociales. Quería que sus seguidores experimentaran el gozo completo (Juan 17.13). El Espíritu Santo es la fuente de nuestro gozo, el gozo es un fruto del Espíritu (Gálatas 5.22).

Gozo en su casa

El rey David confirmó que había "poder y alegría en su morada" (1 Crónicas 16.27). Dijo que allí se encontraba "plenitud de gozo" y "delicias a su diestra para siempre" (Salmo 16.11). En la casa de Dios el creyente beberá "del torrente de sus delicias" (Salmo 36.8-9). Con razón David exclamó: "Jehová, la habitación de tu casa he amado" (Salmo 26.8).

🦋 **Lea Salmo 65.4 en el margen. ¿Cómo describe este versículo a los que viven en la casa de Dios?**

_____

La casa del Padre es un lugar de gozo, lleno de muchas cosas buenas. Cada vez que se abre la puerta y entra otra persona, los ángeles y todos los santos prorrumpen en gozosa alabanza. ¡Hacen que la fiesta más ruidosa de la tierra parezca un canto fúnebre!

Gozo en su presencia

Algunos cristianos actúan como si el gozo estuviera reservado para el cielo; la miseria ahora significa gozo después. ¡Qué creencia tan desafortunada! Jesús quería que su gozo permaneciera con sus discípulos: (Juan 15.11). Le dijo a sus seguidores: "Se gozará vuestro corazón, y nadie os quitará vuestro gozo" (Juan 16.22).

🦋 **En el pasaje del margen, subraye las palabras que describan el gozo que puede tener aun antes de llegar al cielo:**

¿Siente tener este tipo de gozo? Encierre en un círculo un número en la siguiente escala para indicar cuánto gozo tiene en su vida. 1 representa "nada de gozo" y 10 "gozo total".

1   2   3   4   5   6   7   8   9   10

Lo que cuesta el gozo

El gozo cuesta, a veces mucho. Por el gozo que fue puesto delante de Él, Jesús se humilló a sí mismo, tomó forma de siervo, soportó la burla, el desprecio y hasta la vergüenza de la cruz (Filipenses 2.6-8). El gozo de nuestra redención costó la vida de Jesús. Al Padre le costó su Hijo. El gozo no es barato.

Los primeros creyentes conocían bien el precio del gozo. Santiago tenía por sumo gozo cuando se encontraba en diversas pruebas (Santiago 1.2). El gozo de los macedonios abundó en medio de gran prueba de tribulación (2 Corintios 8.2). Los primeros creyentes encontraron gozo en la tribulación (1 Tesalonicenses 1.6), en prisiones y tribulaciones (Hechos 20.23-24), "en debilidades, en afrentas, en necesidades, en persecuciones, en angustias" (2 Corintios 12.10).

"Bienaventurado el que tu escogieres y atrajeres a ti, para que habite en tus atrios; seremos saciados del bien de tu casa, de tu santo templo" (Salmo 65.4).

"A quien amáis sin haberle visto, en quien creyendo, aunque ahora no lo veáis, os alegráis con gozo inefable y glorioso; obteniendo el fin de vuestra fe, que es la salvación de vuestras almas" (1 Pedro 1.8-9).

En la casa de mi Padre

▸ **Lea 2 Corintios 6.4-10. Anote en el margen algunas de las tribulaciones que soportó Pablo. Luego explique abajo por qué Pablo podía decir que estaba "entristecido, mas siempre gozoso".**

_____

Tal vez el secreto del gozo de Pablo se encuentre en Romanos 8.18, 37: "Pues tengo por cierto que las aflicciones del tiempo presente no son comparables con la gloria venidera que en nosotros ha de manifestarse ... En todas estas cosas somos más que vencedores por medio de aquel que nos amó".

Pablo sintió el gozo de perseguir el bien más alto. Se mantuvo enfocado en su meta, "el premio del supremo llamamiento de Dios en Cristo Jesús" (Filipenses 3.14). ¿Qué de usted? ¿Tiene una meta para su vida que lo mantiene motivado y gozoso aun durante los tiempos de problemas? ¿Encuentra gozo en la presencia del Señor, aunque se halle en medio de circunstancias dolorosas?

▸ **Pídale al Padre que aumente en su vida el fruto del gozo. Pídale fuerza para soportar los problemas sin perder el gozo de relacionarse con Él.**

"En la casa de mi Padre muchas moradas hay; si así no fuera, yo os lo hubiera dicho; voy, pues, a preparar lugar para vosotros. Y si me fuere y os preparare lugar, vendré otra vez, y os tomaré a mí mismo, para que donde yo estoy, vosotros también estéis" (Juan 14.2-3).

Día 5
Tu hogar con el Padre

Su hogar le es familiar. Nadie le tiene que decir dónde queda su recámara; no es necesario que se le den instrucciones para llegar a la cocina. Después de un día difícil tratando de encontrar su camino por el mundo, es confortante llegar a casa a un lugar que conoce bien. Dios puede ser igualmente familiar para usted. Con el tiempo, puede aprender a dónde ir para nutrirse, dónde esconderse para protegerse, dónde ir buscando dirección. Así como su casa terrenal es un lugar de refugio, la casa de Dios es un lugar de paz. La casa de Dios nunca ha sido saqueada, sus paredes nunca han sido rotas.

Dios quiere ser su morada. No tiene interés en ser un lugar de retiro de fin de semana, una cabaña de domingo o una cabaña de verano. No considere usar a Dios como una cabaña vacacional o un eventual hogar para el retiro. Él lo quiere a usted bajo su techo hoy y siempre.

Max Lucado

En el segundo libro de la trilogía del espacio de C.S. Lewis, un hombre llamado Ransom visita un inocente planeta nuevo llamado Perelandra. Ransom camina por el bosque donde cuelga una fruta amarilla de los árboles. Toma una y bebe su exquisito néctar.

El sabor es un placer más allá de su experiencia. Sobre la tierra se pelearían guerras y se traicionarían amigos por solo un poco de esta bebida. Deja que la fruta vacía caiga al suelo e instintivamente quiere tomar otra.

Al acercarse su mano a la fruta se detiene. Por alguna razón, decide no volver a probarla. Sobre la tierra, el placer implora la repetición. Pero en Perelandra, la experiencia de beber el néctar es tan satisfactoria que repetirla parecería vulgar. Una vez es suficiente.

Esta parábola marca un contraste entre un éxtasis que nunca termina con un anhelo que nunca se satisface. Comemos una deliciosa fresa y de inmediato tomamos otra. Una hija nos viene a visitar y a los pocos días de su partida la queremos ver otra vez.

Se puede imaginar a una novia decirle a su amado esposo: "Gracias, pero ya estoy satisfecha, te puedes ir". ¡Claro que no! Entre mayor sea la satisfacción, mayor es el anhelo.

Los hijos del corazón ardiente

Llegue a conocer a cualquier persona piadosa y pronto verá su pasión por conocer a Dios. Esta pasión lo mueve a orar, ayunar, meditar, sacrificar, servir, autodisciplinarse y a negarse a sí mismo. Cuando prueba a Dios y lo ve, la satisfacción es más dulce por el esfuerzo (Salmo 34.8).

Los grandes héroes cristianos del pasado han anhelado a Dios; el rey David que clamaba por Dios como el ciervo brama por las aguas (Salmo 42.1-2); el apóstol Pablo que "proseguía" para asirse de Él; los mártires que murieron por Él porque no lo negaron.

Los Salmos están llenos del deseo desesperado del que busca y la satisfacción exuberante del que encuentra. En los versículos del margen, subraye las palabras que indiquen la pasión de David por Dios.

La persona que desea conocer a Dios, se convierte en un hijo de corazón ardiente, como lo describió Tozer. Espero que su corazón arda por Dios.

Al hacer su hogar con el Padre

Si es cristiano, ha entrado a la casa del Padre. Pero ¿es su casa su hogar? Jesús prometió que Él y el Padre harían su morada con todos aquellos que lo siguieran (Juan 14.23). El Padre no quiere que permanezca en la antesala de la salvación, quiere que tome la mano de Jesús y explore cada uno de los cuartos.

"Dios, Dios mío eres tú; de madrugada te buscaré; mi alma tiene sed de ti, mi carne te anhela, en tierra seca y árida donde no hay aguas, para ver tu poder y tu gloria, así como te he mirado en el santuario... Como de meollo y de grosura será saciada mi alma, y con labios de júbilo te alabará mi boca" (Salmo 63.1,2,5).

"¿A quién tengo yo en los cielos sino a ti? Y fuera de ti nada deseo en la tierra" (Salmo 73.25).

"¡Cuán amables son tus moradas, oh Jehová de los ejércitos! Anhela mi alma y aun ardientemente desea los atrios de Jehová; mi corazón y mi carne cantan al Dios vivo" (Salmo 84.1-2).

Al entrar, descanse en la comodidad del sillón de la sala o lea en el estudio que está lleno de libros sobre la historia del pueblo de Dios. A un lado del estudio está el cuarto de sol, un lugar que invita a estar sola y meditar. En el lado quieto de la casa, las recámaras tienen cobijas de paz para calmar cualquier agitación. Las regaderas del arrepentimiento se encuentran en el baño que está cerca del cuarto de lavar donde la ropa vieja se puede cambiar por nueva. Al caminar por el pasillo, oirá risas de la sala familiar, un lugar de amor y aceptación; está llena de sonidos y colores de todas las naciones.

Al caminar por los pasillos notará que no hay clósets, en la casa de Dios no hay nada escondido. Abra la puerta del cuarto de la calefacción y sienta el calor del combustible de la oración. Los controles de la electricidad están conectados al poder del Espíritu Santo. Ahora, Jesús la llevará al salón principal, a la presencia del Padre. Se sentirá asombrado y nervioso cuando entre. Este cuarto es más espléndido que cualquier palacio, pero más acogedor que la cabaña más exquisita. Lo que llama la atención es la presencia de Dios. "Dios todopoderoso y santo", usted balbucea y cae de rodillas.

Llega hasta usted, con ternura le levanta la barbilla para que lo mire a los ojos. "Llámame Padre", le dice con una sonrisa. "Me da gusto que hayas llegado, te estaba esperando".

Camine con su Padre hasta el jardín de adoración, deléitese en la belleza de Dios libre de toda distracción. Una vez que haya estado en el jardín, va a querer quedarse allí para siempre (Salmo 23.6).

Repase la tarjeta que hizo para el día del padre al final de la primera semana. Con base en lo que ha aprendido durante las últimas semanas, ¿quiere cambiar algo en la tarjeta? ¿Ha madurado en su conocimiento de la naturaleza del Padre?

Tal vez quiera volver a escribir la tarjeta en forma de carta expresando lo nuevo que ha entendido. En la carta déle gracias a Dios por la verdad que le ha revelado a través de este estudio. Tal vez quiera fijar la tarjeta o carta en la portada de este libro.

Ha llegado al fin de este estudio, pero la relación con su Padre celestial seguirá. Le pido a Dios que "el Dios de nuestro Señor Jesucristo, el Padre de gloria, os dé espíritu de sabiduría y de revelación en el conocimiento de él" (Efesios 1.17).

Guía para el líder

La presente guía para el líder le ayudará a dirigir seis sesiones de grupo de una hora de duración. Siéntase con la libertad de adaptar estas sugerencias para satisfacer las necesidades de su grupo. Entregue los libros por lo menos con una semana de anticipación o lleve a cabo una sesión de introducción para presentar el material y entregar los libros.

En la sección de introducción permita que los participantes vean el contenido y que lean "Acerca de la autora" y "Acerca de este estudio". Discuta acerca de lo que los alumnos encuentren interesante en este tema y qué necesidades esperan satisfacer. Resuma la semana 1, y enfatice la importancia de hacer todas las actividades de aprendizaje. Pasen tiempo orando por el estudio.

La primera sesión del grupo deberá hacerse cuando terminen la semana 1 de este libro.

Semana 1
La relación padre-hija/o

Repaso (5 min.)
Preséntese y permita que los demás hagan lo mismo. Use tarjetas con sus nombres para identificarse durante las primeras sesiones. Dirija al grupo para decir o leer al unísono el versículo para memorizar de esta semana, Romanos 8.15-16. Pida que algunos digan en forma voluntaria lo que significa para ellos "Abba Padre".

Comentarios (50 min.)
1. Pida a voluntarios que den respuestas espontáneas (la primera palabra que venga a su mente) a la palabra "padre". Escriba las respuestas en el pizarrón. Haga que el grupo evalúe las palabras. Pregunte: ¿cuáles nos acercan a la figura paterna, ¿cuáles nos alejan de ella?
2. Señale que este estudio no tiene por objetivo criticar a los padres terrenales. Pero sí necesitamos identificar las formas en que nuestros padres terrenales nos ayudan o estorban en nuestra relación con Dios como Padre. Nuestro propósito es conocerlo a Él mejor.
3. Cita de la página 8: "Padre significa una relación. Padre significa alguien a quien podemos conocer". Pregunte: ¿cómo nos ayuda Jesús a conocer a Dios Padre? Lea Juan 14.9. Pregunte: ¿cómo nos ayuda el Espíritu Santo a conocer al Padre? Lea Efesios 1.17.
4. Pregunte: ¿con cuál de los miembros de la Trinidad se siente más a gusto? Pregunte: ¿por qué?
5. Del día 2, invite a que voluntarios recuerden los cuatro tipos de relación en los que Dios es Padre (pág. 11). Pida respuestas a las actividades de aprendizaje de la página 12.
6. Repase el significado bíblico de la palabra hijo y el concepto de simbolismo genérico del día 3.
7. Pida a los participantes que expresen cómo se sienten valorados por Dios como sus hijos.
8. Si existe suficiente armonía en el grupo, comuniquen las respuestas a las actividades de aprendizaje de la página 15.
9. (opcional) Comenten las reacciones a la actividad de aprendizaje de la página 17. Lea el último párrafo del día 4 en la página 18.
10. Dibuje una línea en el pizarrón para hacer dos columnas. En una ponga "espíritu de temor" y en la otra "espíritu de adopción". Dirija a los participantes para que menciones características de cada uno del día 5 y anote las respuestas.
11. Recuerde a los participantes que guarden la tarjeta que hicieron al terminar el día 5. La van a necesitar en la semana 6.

Oración (5 min.)
Dirija al grupo en oraciones en que cada participante diga su oración en un solo enunciado:
1. Pidan a Dios que quite el espíritu de temor al acercarnos a Él en este estudio.
2. Alábenle por sus atributos, los que hemos estudiado en la semana 1.
3. Denle gracias por adoptarnos en su familia.

En la casa de mi Padre

Sesión 2
Nuestro Padre Dios se relaciona

Repaso (5 min.)
Repase el significado de la palabra "hijo" de la semana 1 y los derechos y responsabilidades de ser adoptados como hijos de Dios. Enfatice que Dios quiere ser conocido como "Abba, Padre", un nombre familiar como "papi".
Dirija a los participantes para que repitan juntos Isaías 54.10, el versículo para memorizar de esta semana. Pregunte: ¿cómo se sienten al saber que Dios tiene compasión de ustedes?

Comentarios (50 min.)
1. Antes de la sesión escriba, en el lado izquierdo del pizarrón, en forma descendente, los cinco lenguajes del amor. Al irlos mencionando los participantes, en el lado derecho escriba ejemplos de cómo Dios muestra su amor en cada caso.
2. Del día 2, que voluntarias den razones por las cuales a algunas personas se les dificulta aceptar el amor de Dios para ellas.
3. Basándose en Romanos 8.38-39, pregunte: ¿por qué se puede confiar en el amor de Dios?
4. Pregunte: ¿qué otras explicaciones existen de los motivos por los cuales dudamos del amor de Dios?
5. Pídale a los participantes que dibujaron los círculos sugeridos en la página 28 que los muestren y los expliquen. Considere exhibirlos en algún lugar.
6. Del día 3, propicie respuestas a la aseveración sobre la bondad de Dios que dice: "Si usted tuerce algo, Él está dispuesto y ansioso por enderezarlo".
7. Divida a los participantes en grupos pequeños. Asigne estas dos tareas: 1) Que cuenten una experiencia en la que la ternura de Dios fue evidente para ellos. 2) Que cuenten una experiencia en que la presencia de Dios fue real para ellos.
8. Vuelva a juntar a los grupos. Del día 5, pida a los participantes que comparen y contrasten la amistad humana con la de Dios.

Oración (5 min.)
Pida a quienes llevaron consigo Isaías 49.16, como recordatorio del cuidado de Dios por ellos, lo continúen llevando durante la próxima semana. Repitan juntos la meditación final basada en Efesios 1.17-18 en la página 35. Termine con una oración.

Sesión 3
El Padre se dedica a usted

Repaso (5 min.)
Pida que alguien repita o parafrasee Isaías 49.16. Que comenten sus reacciones de haber llevado consigo este recordatorio durante la semana. Motive a testificar sobre cómo Dios ha mostrado su amor durante la semana pasada.
Repitan juntos el versículo para memorizar Sofonías 3.17. Que algunos voluntarios expliquen cómo se deleitan en el Señor

Comentarios (50 min.)
1. Que algunos voluntarios digan por qué son admiradores de un equipo deportivo. Luego pregunte: ¿cómo le demuestra Dios que es su más grande admirador? Diga: Dios nos bendice dándonos amigos y seres queridos que nos animan a seguir. Lea Hebreos 12.1. Pregunte: ¿quiénes los están animando?
2. Pregunte: ¿cómo se siente por ser una joya preciosa para su Padre? (pág. 38)
3. Del día 2, pida a los participantes que digan sus respuestas a la actividad de aprendizaje de la página 39. Luego pregunte ¿cómo es Dios un Padre fiel para usted?
4. Analicen la relación entre la fidelidad de Dios y su justicia.
5. Dibuje una línea para dividir el pizarrón en dos columnas. En una escriba "formas" en otra "razones". Que los participantes digan las formas y las razones por las que acuden a Dios para pedirle su dirección. Anote las respuestas como corresponda.

6. Discuta las razones por las cuales vacilamos en buscar la dirección de Dios. Enfatice la sabiduría de buscarla voluntariamente y con alegría.
7. (opcional) Del día 4, invite a voluntarios a que digan si se identificaron con Beth o Susan en la historia inicial y digan por qué.
8. Hablen sobre las características de la disciplina de Dios y la relación de la disciplina con el amor.
9. Anote las formas en que los participantes indiquen que el Padre nos corrige.
10. Del día 5 pregunte: ¿cómo demuestra Dios su paciencia en nuestras vidas?

Oración (5 min.)
Divida a los participantes en grupos pequeños. Asigne estos motivos de oración:
1. Platiquen sobre las áreas confidenciales en las que se resisten a la disciplina de Dios. Oren unos por otros.
2. Digan en qué áreas necesitan más paciencia. Oren respecto de estas preocupaciones.

Despídanse cuando terminen los momentos de oración.

Sesión 4
Nuestro Padre Dios es solícito

Repaso (5 min.)
Antes de la sesión escriba las siguientes características de Dios en el pizarrón en cualquier orden: fidelidad, dirección, corrección, paciencia, y perdón. Al iniciar la sesión pregunte: ¿cómo reflejan estas características el cuidado que Dios tiene de nosotros?
Lean o repitan el versículo para memorizar de esta semana, Salmo 34.15,17. Hable sobre las formas en que bendecimos los ojos y los oídos del Señor al morar Él en nosotros cada día.

Comentarios (50 min.)
1. Discutan cómo el creyente puede obtener consuelo y protección de la fuerza de Dios sin tener miedo por ello.
2. Repase las cuatro bendiciones de la fuerza de Dios del día 1.
3. Que voluntarios digan sus respuestas a la actividad de aprendizaje al final de la página 51.
4. Repase los cuatro principios de la protección de Dios del día 2. Invite a los participantes a dar ejemplos personales de cómo actúa cada principio en su vida.
5. Dirija al grupo para que enumere razones por las cuales creer que Dios Padre tiene un plan para cada vida.
6. Comenten las respuestas de la actividad de aprendizaje al final de la página 56. Pregunte: ¿cómo podemos profundizar nuestras raíces en la palabra de Dios?
7. (opcional) Permita que los participantes expliquen cómo el dolor por diferentes situaciones ha sido "redimido por algo de valor eterno" (pág. 56).
8. Discutan la idea de que el Padre tiene una forma "preferida" para salir de cada problema. Enfatice que Él quiere que busquemos su dirección, y no que tomemos la situación en nuestras propias manos.
9. Divida a los participantes en grupos pequeños para que digan sus reacciones a la historia de Grace del día 4 y cómo definieron la protección de Dios (véase págs. 58-59).
10. Vuelva a reunirlos en un grupo. Pregunte: ¿cuando pensamos en la provisión de Dios, pensamos inmediatamente en bendiciones materiales? Luego pregunte: ¿qué otras bendiciones demuestran la provisión de Dios hacia nosotros?
11. Propicie reacciones a la frase "sin ansiedad en el cuidado del Padre" (pág. 62). Dirija al grupo para que describa a una persona así.
12. Si el tiempo lo permite, pida testimonios de oraciones contestadas porque nos atrevimos a pedir.

Oración (5 min.).
Divida a los participantes en grupos pequeños. Invítelos a comentar sus peticiones referentes a las preocupaciones que quieren entregarle a su Padre celestial. Pídales que se comprometan a orar por estos motivos durante la semana.

Sesión 5
Cómo quitar las barreras para establecer una relación

Repaso (5 min.)
Pida a los participantes que recuerden un momento de la semana pasada en que hayan estado conscientes de 1) La protección de Dios; 2) La provisión de Dios. Esté preparado para comunicar su propia experiencia. Digan o lean juntos el versículo para memorizar de esta semana, Salmo 43.3-4. Pida testimonios de una frase de cómo Dios es un gozo —un deleite— en la vida de los participantes.

Comentarios (50 min.)
1. Antes de la sesión pídale a alguien del grupo o de su iglesia que hable sobre lo que significa crecer en una familia sin padre. Pídale que relate cómo el haber crecido sin padre influyó en su relación con Dios Padre y cómo ha sido Dios un Padre para ella o él.
2. Presente al orador. Anime a los participantes a formularle preguntas, a platicar experiencias similares o a hacer observaciones. Al final de este segmento dé las gracias al orador por su franqueza y sinceridad.
3. Señale que muchas personas con un padre en el hogar no tuvieron relaciones adecuadas con él. Estas experiencias pueden ser la causa de que no confíen en Dios o le tengan miedo. Recuerde las palabras de Jennifer al inicio del día 2.
4. Dirija al grupo a resumir por qué quitarnos los lentes con los cuales vimos a nuestro padre terrenal es importante para ver claramente a nuestro Padre celestial.
5. Pregunte: ¿cómo podemos quitar las barreras de las ideas equivocadas que tenemos sobre Dios como Padre? (creyendo la verdad). ¿Cómo aprendemos la verdad sobre Dios? (estudiando su Palabra y desarrollando una relación personal con Él).
6. Pida a los participantes que expresen algunas falsas creencias sobre Dios que hayan descubierto mediante este estudio y escriba las respuestas en el pizarrón. Si el tiempo lo permite, pida que busquen citas bíblicas que refuten estas falsas creencias en las Escrituras del margen de las semanas anteriores.
7. (opcional) Que los participantes digan algo que hayan aprendido como resultado de la actividad de la página 68.
8. Haga referencia a la actividad de la página 69. Pida que sugieran ideas de cómo "llevar todo pensamiento cautivo". Que alguna participante enuncie un pensamiento y los demás practiquen refutarlo.
9. (Opcional) Que uno o más voluntarios comuniquen experiencias de cómo llevar a cabo los pasos para perdonar a sus padres terrenales (día 4). O que alguien cuente su experiencia al perdonar a su padre. Esté atento porque estos temas son delicados. Pida a los participantes que hagan un pacto para mantener en secreto y no divulgar esta información personal, confidencial y privada.
10. Discutan las razones por las cuales una persona querrá o no encontrarse con su padre cara a cara para pedir u ofrecer perdón. Tenga a la mano los nombres de consejeros cristianos, su pastor, otros miembros de la iglesia, o algún líder que se dedique a dar consejería.
11. Que las personas que hayan escrito la carta de bendición a sus padres comenten las razones de su gratitud, si así lo desean.

Oración (5 min.)
Si la sesión ha sido difícil y dolorosa para algunos participantes, ore por ellos. Comprométase a orar por ellos durante la semana.
Que los participantes oren diciendo cada quien una frase, agradeciendo a Dios las formas en que sus padres bendijeron sus vidas. Termine el tiempo de oración alabando a Dios Padre por mostrarnos la verdadera paternidad.

Sesión 6
En la casa de mi Padre

Repaso (5 min.)
Pida a los participantes que digan una falsa creencia sobre Dios, la cual hayan escuchado durante la semana en las noticias, sus amigos o compañeros de trabajo. Dirija al grupo para refutar cada creencia con base en la lección de la semana pasada.

Digan o lean juntos el versículo para memorizar de la semana, Salmo 27.4. Pida a los participantes que cierren sus ojos e imaginen la escena que se describe en este versículo.

Luego invítelos a exteriorizar sus impresiones. Si los cuadros mentales son muy diversos comente sobre ello. Alabe a Dios por responder a cada uno en lo individual, de acuerdo con sus diferentes personalidades, necesidades y habilidades.

Comentarios (50 min.)
1. Pida al grupo que termine la frase: "La casa del Padre es...". Escriba la frase en el pizarrón. La frase debe reflejar que la casa del Padre es cualquier lugar donde viva el Padre. Es tanto una existencia futura y celestial como una realidad terrenal, ya que Dios habita en el corazón de los creyentes.
2. Discuta las características de las personas que viven en la casa de Dios (Escrituras del margen pág. 79).
3. Pida a voluntarios que comuniquen sus respuestas a la actividad de aprendizaje de la página 80, donde describieron lo que más les gusta de estar en la casa del Padre.
4. Del día 2 discuta las formas en que Jesús es igual al Padre. Consulte la lista de características en las páginas 81-82.
5. Discuta el papel de Jesús en llevarnos a una relación con el Padre al ser ejemplo de obediencia a Él.
6. Pida a un voluntario que relate cómo conoció al Señor. Si alguien ha aceptado a Cristo en este estudio, que dé su testimonio.
7. Repase la información de la página 84 haciendo que los participantes identifiquen 1) el nombre de familia, 2) el parecido familiar. Que comenten sus respuestas a la actividad de aprendizaje de la página 85.
8. Pida sus reacciones a la cita de C.S. Lewis en la página 85.
9. Discuta el contraste entre el gozo de estar en la casa de Dios y lo que costó este gozo. Pregunte: ¿cómo se resuelve este dilema en Romanos 8.18, 37?
10. Propicie reacciones a la cita de Max Lucado en la página 88. Discuta la presencia de Dios como: 1) una casa de fines de semana, 2) una cabaña vacacional, 3) casa de retiro.
11. Repase los diferentes cuartos de la casa del Padre (véase págs. 89-90).
12. Que los participantes que volvieron a hacer sus tarjetas de la semana 1 en forma de carta platiquen lo que significó esta experiencia.
13. Pregunte: ¿qué significa ser un hijo de corazón ardiente?

Oración (5 min.)
Escoja algunas de las siguientes sugerencias para terminar el estudio con reflexión y compromiso.
1. Permita que los participantes digan cómo ha obrado Dios en sus vidas durante las últimas 6 semanas.
2. Pregunte: ¿qué sienten que Dios quiere que hagan a continuación para que sigan creciendo?
3. ¿Ha surgido algún ministerio que quieran emprender?
4. Pregunte: ¿cómo podemos apoyarnos unos a otros? Consideren reunirse regularmente como grupo de apoyo y oración o participando en otro estudio.

PLAN DE ESTUDIO DE CRECIMIENTO CRISTIANO

Preparar a los Cristianos para Servir

En el **Plan de Estudio de Crecimiento Cristiano (anteriormente el Curso de Estudio de la Iglesia)**, *En la casa de mi Padre, Nuestra relación con Dios como Padre* es el libro de texto en el área de Vida Personal en el diploma de la categoría de crecimiento cristiano. Para recibir crédito, lea el libro, complete las actividades de aprendizaje, enseñe el trabajo realizado

al pastor, o un miembro del personal o líder de la iglesia, y luego complete la siguiente información. Puede reproducir esta página. Después de completar la información, envíela a:

Plan de Estudio de Crecimiento Cristiano
127 ninth Avenue, North, MSN 117
Nashville, TN 37234-0117
FAX: (615) 251-5067

El catálogo anual del Plan de Estudio de Crecimiento Cristiano ofrece información acerca del plan de estudio. Quizás la oficina de la iglesia tenga uno. Si no lo tiene, pida un ejemplar gratis a la oficina del Plan de Estudio de Crecimiento Cristiano (615/251-2525).

En la casa de mi Padre
CURSO: CG- 0543

INFORMACIÓN DEL SOLICITANTE

Rev. 6

NO. DEL SEGURO SOCIAL

NO. PERSONAL DEL PECC*

FECHA DE NACIMIENTO

NOMBRE: PRIMERO, SEGUNDO Y APELLIDO
☐ SR. ☐ SRTA.
☐ SRA. ☐

TELÉFONO

DIRECCIÓN (CALLE, RUTA O NO. DEL APARTADO POSTAL)

CIUDAD, ESTADO

CÓDIGO POSTAL

INFORMACIÓN DE LA IGLESIA

NOMBRE DE LA IGLESIA

DIRECCIÓN (CALLE, RUTA, O NO. DEL APARTADO POSTAL)

CIUDAD, ESTADO

CÓDIGO POSTAL

SÓLO PARA SOLICITAR CAMBIOS

☐ ANTIGUO NOMBRE

☐ DIRECCIÓN ANTERIOR (CALLE, RUTA O NO. DEL APARTADO POSTAL)

CIUDAD, ESTADO

CÓDIGO POSTAL

☐ IGLESIA ANTERIOR

CIUDAD, ESTADO

CÓDIGO POSTAL

FIRMA DEL PASTOR, MAESTRO U OTRO LÍDER DE LA IGLESIA

FECHA

*Se pide que los nuevos solicitantes den su número del SS, pero no se requiere. Los participantes que ya han hecho estudios anteriores, por favor den su número Plan de estudio de crecimiento cristiano (PECC) cuando estén usando el número del SS por primera vez. Después sólo se requerirá un número de identificación